ALEXANDRE NICOLAÏ

EN BRETAGNE

PORNIC. — NOIRMOUTIERS.
VITRÉ. — ARGENTRÉ : LES ROCHERS. — FOUGÈRES.
EN NORMANDIE : PONTORSON, LE MONT SAINT-MICHEL. — JERSEY.
SAINT-MALO. — SAINT-SERVAN.
DINARD. — PARAMÉ. — LA RANCE. — DINAN. — MORLAIX.
LE PAYS DE LÉON : SAINT-POL-DE-LÉON, SAINT-THÉGONNEC, LE FOLGOAT,
GUIMILIAU, PENCRAN, ETC.
QUIMPER. — PONT-L'ABBÉ : PENMARCH, QUÉRITY, SAINT-GUÉNOLÉ.
EXCURSION AU RAZ. — BAIE DES TRÉPASSÉS.
AUDIERNE. — DOUARNENEZ. — AURAY. — PLOUHARNEL. — CARNAC.
LOCMARIAQUER. — QUIBERON.

Ouvrage orné de 105 dessins de l'Auteur

BORDEAUX
G. GOUNOUILHOU, ÉDITEUR
8, rue de Cheverus, 8

J. ROUAM
14, rue du Hôtel, 14

1893

EN BRETAGNE

UNE POINTE EN NORMANDIE

ALEXANDRE NICOLAÏ

EN BRETAGNE

PORNIC. — NOIRMOUTIERS.
VITRÉ. — ARGENTRÉ : LES ROCHERS. — FOUGÈRES.
EN NORMANDIE : PONTORSON, LE MONT SAINT-MICHEL. — JERSEY.
SAINT-MALO. — SAINT-SERVAN.
DINARD. — PARAMÉ. — LA RANCE. — DINAN. — MORLAIX.
LE PAYS DE LÉON : SAINT-POL-DE-LÉON, SAINT-THEGONNEC, LE FOLGOAT,
GUIMILIAU, PENCRAN, ETC.
QUIMPER. — PONT-L'ABBÉ : PENMARCH, QUÉRITY, SAINT-GUÉNOLÉ.
EXCURSION AU RAZ. — BAIE DES TRÉPASSÉS.
AUDIERNE. — DOUARNENEZ. — AURAY. — PLOUHARNEL. — CARNAC.
LOCKMARIAKER. — QUIBERON.

OUVRAGE ORNÉ DE 105 DESSINS DE L'AUTEUR

BORDEAUX	PARIS
G. GOUNOUILHOU, ÉDITEUR	J. ROUAM & Cⁱᵉ, ÉDITEURS
8, rue de Cheverus, 8	14, rue du Helder, 14

1893

A PORNIC
EXCURSION A NOIRMOUTIERS
RETOUR A PORNIC

I

A PORNIC

A peine quelques heures de chemin de fer, — le temps qu'a pris le soleil pour passer de l'orient à l'occident, où, dans quelques instants, il va choir dans une gloire de lumière, et, pour nous, d'entrevoir les vastes plaines que, dans son galop furibond, la locomotive traverse depuis le matin, noire de poussière et de fumée et jamais essoufflée ; en dernier lieu, le Bocage aperçu dans son inaltérable parure verte, ses haies vives, ses lointains boisés qui vallonnent à l'infini ; à droite, à gauche, partout des moulins à vent dont les bras tournent et virent, de gras pâturages où les bestiaux tondent l'herbe de toute la largeur de leur langue, des champs de sarrasin encore sur pied succédant aux champs de froment de tantôt, dont il ne restait plus que les chaumes grillés coupés au ras des sillons; la mer enfin, au loin; de petites stations de bains qui se pressent au creux des falaises : Bourgneuf, les Moustiers, la Bernerie, le Clion, — et puis c'est l'arrêt, le débarquement, et nous nous trouvons comme en un clin d'œil transportés dans ce coin extrême de Vendée, à la lisière de la basse Bretagne, qui est notre lieu de rendez-vous.

Pornic!... Tout le monde descend.

Je me penche à la portière; nos amis sont là, les mains déjà tendues, déjà mordus par le hâle, qui bronze ferme par ici; quinze jours ont suffi pour opérer la métamorphose.

De l'encombrement de la gare nous tombons dans celui du port; tout était arrivé à la fois, ce jour-là, et le chemin de fer et la pêche, toutes les barques étant rentrées avec la dernière heure du flot. Elles sont pressées les unes contre les autres, par couples jumeaux de trois et quatre ensemble — par *traques*, diraient les marins; les grands filets, hissés à la corne des mâts, qui sont forêt, dégouttent, encore humides, sur les ponts blancs d'écailles et de sel, et c'est à travers leurs mailles brunes que Pornic

LE PORT DE PORNIC A MARÉE BASSE.

nous apparaît, gai, lumineux, badigeonné de frais, avec ses maisons étagées, qui laissent deviner les ruelles étroites et montantes. Ce que l'on en saisit à première vue, c'est un fouillis de toits, d'ardoises, de tuiles, de cheminées fumantes, de terrasses, d'escaliers, de jardinets, et tout en haut, culminante, son église dont la flèche blanche pointe hardiment dans le ciel. Bras dessus, bras dessous, nous nous avançons parmi les hommes, les femmes en coiffe blanche et cotillon court qui débarquent deux à deux, en grande presse, les paniers à sardines et les alignent le long des quais, où d'autres, agenouillées, comptent, préparent les expéditions et jettent le sel à poignées. Dieu sait s'il y en a de la belle sardine grasse et fraîche, au dos bleu de Prusse moiré de vert, au ventre d'argent! Il semble que ce soient des corbeilles de pécune ravies à quelque prodigieux trésor! Les hommes ont fait pêche. Autour des lots, jusque sur les barques, les enchères vont leur train; la Bourse en plein vent s'est établie, une Bourse qui a ses cours, ses hauts et ses bas, et le tout ne va pas sans bruit. Au milieu de cette fièvre, qu'à chaque marée l'arrivage occasionne, les baigneurs, les baigneuses flânent, en toilettes claires, en vareuses, en casquettes blanches.

Le port, les chaloupes, les marins, les sardinières, tout cela est maintenant derrière nous; les bruits seuls nous en viennent, et comme nous gravissons la côte du Gourmalon, où, dans un fouillis de verdure, les chalets et les villas piquent leurs grands toits de briques rouges, posés sur eux ainsi que des capuchons, la haute mer nous apparaît zébrée de larges bandes bleues ou vertes, profonde, avec quelques voiles blanches qui promènent.

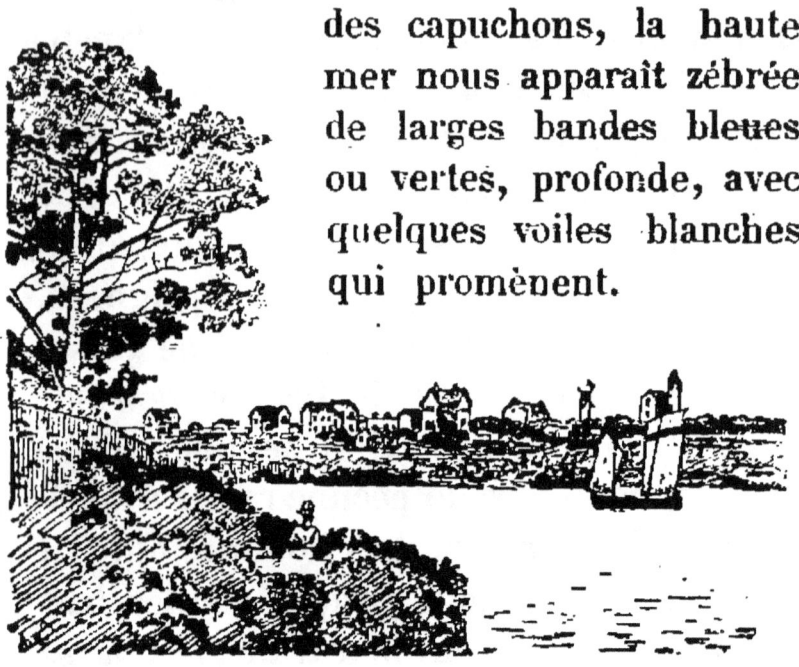

LA CÔTE DU GOURMALON, VUE DE LA MALOUINE.

Le soir commence à tomber, un calme soir du mois d'août, clair, limpide, encore tout illuminé des derniers rougeoiements du couchant, qui met à tous les vitrages, à toutes les verrières, de fulgurantes lueurs d'incendie. .

Dans les arbres, il y a des babillages de moineaux querelleurs; au-dessus de notre tête les martinets se livrent à des pourchas fous; les rainettes, blotties dans les fusains des parcs, commencent à chanter, appelant la fraîcheur de la nuit...

Vous voici chez vous!... — Les portes du *Lutin* s'ouvrent toutes grandes devant nous, larges comme l'hospitalité qui nous y est offerte, et nous pénétrons dans ce délicieux chalet, où nous avons goûté quinze jours d'un si profond recueillement dans la plus agréable des intimités.

Dimanche, ... août. — Aujourd'hui, l'on s'amuse à Pornic; il y a régates à La Noveillard; depuis tantôt trois jours on se le dit. Les boats, les yachts, les filadières, les cutters, les chaloupes, les vapeurs de plaisance, en un mot tout ce qui peut tenir la toile ou flotter, ont fait leur toilette, et ce matin, comme en procession, ils ont tous pris le large pour se grouper par catégories aux alentours du stationnaire couvert du grand pavois.

Voilà bientôt deux grandes heures que la foule, cheminant vers La Noveillard, déroule son interminable cordon sur l'étroite corniche, bordée de tamarins, qui longe la falaise.

Nous aussi nous voulons être de la fête,

mais nous ne prenons pas la route de tout le monde. Il y a dans le bas de Pornic un sentier creux et montant, d'abord encaissé par deux murailles sur lesquelles de grands arbres se rejoignent et font dôme; les scolopendres, les joubarbes, les capillaires, les bardanes aux larges feuilles ornementales, les gros chardons aux fleurs héraldiques y viennent pêle-mêle sur les bordures, et c'est là que nous nous engageons. Je suis sûr qu'au printemps les amoureux du pays y doivent venir voler quelques baisers. De temps à autre le vent nous apporte, par bouffées, les bruits de la fête, des clameurs, des lambeaux de fanfare, les coups de canon dont le stationnaire salue les vainqueurs au fur et à mesure qu'ils le dépassent.

A vrai dire, ce que nous percevons ici du vacarme qui se fait à La Noveillard nous suffirait amplement, à nous que le yachting laisse assez froids d'ordinaire; c'est bien plutôt à ce moulin dont le chapeau nous apparaît déjà par-dessus les haies noires de prunelles et les champs d'ajoncs dorés, que nous allons.

Car voilà plusieurs jours que nous nous

sommes promis de rendre visite au dolmen solitaire que nos ancêtres avaient posé là où le meunier d'aujourd'hui a trouvé la place bonne. Qu'ont pu faire en cet endroit les

DOLMEN DE PORNIC.

vieux Celtes dont nous procédons? Y ont-ils stationné, ou sur ce point culminant se sont-ils, un jour qu'ils passaient, bornés à faire un sacrifice sur les immenses pierres levées pour la circonstance? Est-ce, au contraire, une simple tombe qui recouvre la dépouille d'un des leurs, vaillant guerrier ou chef intrépide?... Les deux, peut-être.

Mais c'est ce que la pierre ne nous dira

pas, entêtée à son secret. Ce témoin des vieux âges, demeuré là comme par miracle, remue en nous une curiosité venue de son mystère, en même temps qu'un respect, — ce respect religieux qu'on a des choses consacrées, — et c'est peut-être bien encore par un obscur et profond effet d'atavisme, un reste de cette superstitieuse terreur avec laquelle devaient approcher de ces lieux ainsi marqués par la pierre mégalithique, les fiers, les barbares hommes de jadis.

Parmi les folles poussées des ronces, les enguirlandements des lierres dans un éboulement de pierrailles et de cailloutis, se distinguent encore, très nets par endroits, les vestiges d'une allée couverte. Mais à peu près partout la nature, complice de l'homme, s'est associée à son œuvre sacrilège de destruction, et comme une vandale la plante a travaillé ; elle a poussé en tous sens ses racines, disjoint, écarté, renversé, couché au ras du sol, et par-dessus la pierre la terre a roulé, s'offrant aux végétations nouvelles.

Le parallèle alignement de pierres levées nous mène au dolmen, et son énorme masse grise, polie par le temps, patinée par l'air, lavée par les pluies, se dresse au sommet du plateau, sévère, imposante, primitive. C'est l'art dans sa plus tendre enfance, les gros matériaux entassés, presque sans forme; c'est la pierre monumentale avant la sculpture; l'arc de triomphe avant le bas-relief de Rude. Et l'effort qu'il a fallu étonne et surprend. A quels immenses leviers l'homme qui prodiguait et laissait après lui ces indestructibles monuments a-t-il eu recours? C'est ce que nul ne dira.

L'entrée est noire, béante; nous pénétrons, courbés, dans un étroit couloir humide où il fait froid alors que le rutilant soleil d'août luit et chauffe à deux pas, abattant les fleurettes et grillant les herbages. Les deux chambres intérieures, nues, lisses, sont vite vues, et comme par un orifice, creusé ainsi qu'une gouttière dans la voûte, un rayon de jour se faufile, un de nous d'y voir le conduit par où s'écoulait le sang chaud des victimes humaines... Brrr!... je me figure le recevoir en pluie tiède sur la nuque, et je reviens chercher la belle lumière au dehors.

Les ombrelles sont à nouveau arborées, et je me prends involontairement à sourire en présence du contraste que font la vieillesse de la pierre, qui me parle tout naturellement de ses contemporaines, les simples compagnes des hommes de l'âge de la pierre polie et du bronze, et la modernité des deux jeunes femmes curieuses qui, avec nous, cherchent encore à pénétrer et à déchiffrer ce monument du passé.

Si nous ne restituerons jamais sa physionomie à la station préhistorique, en revanche la station balnéaire que voilà pense bien faire échec au dolmen au regard des hommes de l'avenir, ne fût-ce que pour avoir eu l'heur de trouver ce jour-là un bonhomme comme moi tout prêt à la croquer.

Car La Noveillard est à nos pieds maintenant ; nous y descendons et elle offre à nous son groupe de villas, de chalets où l'on flaire les grandes aises et le luxe, ses bosquets à grand'peine entretenus, son établissement de bains, ses terrasses, voire même une manière de jardin public. Partout des banderoles, des flammes, des drapeaux pour ajouter encore à la gaîté de la journée, des façades blanches ou rehaussées de briques voyantes. Sur la plage, sur les rochers, grouille une foule agréablement bigarrée, excentrique, pschutteuse; mais ce n'est rien encore que ce remuement et ce va-et-vient à côté de celui qui se fait sur la mer où se meuvent en tous les sens les grandes voiles inclinées et pour lequel on est venu. Beaucoup ont fini leur course et louvoient; d'autres sont au départ, en ligne, tandis qu'une catégorie est à l'arrivée, et le stationnaire qui porte tout son pavois, cerné de barques, noir de monde, se couvre de fumée à chaque coup de canon qui proclame une victoire.

A MARÉE BASSE.

On doit me croire par ici le jouet de quelque douce et inoffensive manie, car dès que le flot se retire, découvrant son lit de roches au pied de la falaise, je dégringole, me lais-

sant glisser au besoin le long des rampes
lisses, jusqu'à ce qu'en bas j'aie atteint ce
qui est à la fois pour moi un aquarium et
un herbier, mon jardin zoologique et mon
jardin botanique. L'un et l'autre n'ont rien
de municipal, je n'y rencontre pas de gardes,
il n'y a pas de consigne à observer, c'est ce
qui me va. Là, bougeant peu, recroquevillé
sur moi-même, solitaire, je passe de grandes
heures en une captivante observation. Je
recherche au creux des roches les mares
attardées qui se vident par des milliers de
rigoles lorsqu'elles ne sont pas captives jusqu'au flot prochain dans une vasque de
granit improvisée. L'eau y est calme, au
repos, moirée, huileuse, pénétrée de lumière, pleine de frissonnements et de dis-
sociations, de germes en suspension qui
s'attirent, se repoussent, de microscopiques
vibrions; les conferves, les algues chevelues y baignent; ce sont les *ulves* vertes,
épaisses, grasses, digitées ou encore amin-
cies en rubans, en lanières dentelées; les
varechs semblent de corne, avec des trans-
parences d'écaille jaune que rehaussent de
fines nervures bleues, parmi les *fucus*, les
zostères arrachés des grands fonds, et d'au-

tres encore qui sont des mousses, des *Padina*, des *Polysiphonia*, des *Halymenia*. Au sein de ces végétations marines il y a les efflorescences animales, il y a le zoophyte, le rayonné, non moins immobilisé au roc que la plante dont il emprunte la couleur : l'anémone. Un simple tube digestif, une poche qui se rétracte ou se dilate, dont l'orifice est muni de tentacu-  les qui semblent les pétales d'un beau chrysanthème du Japon. Vienne un petit crustacé qui, par aventure, se fourvoie, et cet épanouissement charnu qu'il a troublé se retire, il n'est plus qu'un amas repoussant, d'une couleur douteuse, d'où s'épanchent quelques mucosités d'un blanc laiteux. Dans les fonds, l'*astérie* promène lentement ses ventouses, l'oursin ses piquants ; ma parole ! ce que je vois là c'est une étoile tombée du firmament et qui a éteint ses feux, c'est une châtaigne qui a quitté la branche...

Rien de la main de l'homme dans mon aquarium, mais tout de la nature prestigieuse dans son harmonie, car tout ce qu'elle a mis là à profusion est bien à sa place, et c'est l'être adapté à son milieu que je surprends dans le mystère de sa vie sous-marine. Je les vois à l'œuvre, et point à travers une vitre, et point sur un fond artificiel de rocaille, les mollusques phytophages comme les carnassiers, les tondeurs de l'herbier, comme les tueurs de leurs semblables, les inoffensives nérites d'un beau jaune citron qui va passant par toutes les teintes jusqu'au bistre foncé, les *turbos* nacrés, les *littorines* et, à côté d'eux, en colonies, les *murex* perceurs de bivalves, les *nasses* affamées de putréfaction, comme les nécrophores ou les vautours, les *patelles* qui oscillent, collées à la pierre, et puis, par milliers les annélides, les tubicoles agitant leurs panaches ciliés, leurs vives aigrettes d'azur, de feu, de vermillon.

Comprendra-t-on maintenant qu'à chaque marée que le bon Dieu fait, je paraisse obstiné à la recherche de quelque trésor, alors que je m'attarde à scruter les fonds inquiétants sous les efflorescences où ils se perdent, à fouiller les bris de coquilles, à casser la roche, à creuser le sable, à la recherche de l'espèce rare ou nouvelle? Et quand je quitte tout cela parce que l'heure du déjeuner, de l'excursion ou du bain m'appelle, ce n'est pas seulement ma boîte de botaniste qui déborde, ce sont mes poches, ce sont mes mains, je ruisselle de partout, couvert d'algues ainsi qu'un dieu marin. Avec délices j'emporte ma cueillette ; ces mollusques, ces crustacés ont leurs tubes qui les attendent ; ces algues, je vais les plaquer au hasard entre deux feuilles d'un journal où elles sécheront et, cet hiver, j'aurai du bonheur à les faire revivre dans l'eau, à les étaler à nouveau, jusqu'à ce que, alors qu'elles auront repris leur port et leurs teintes vives, je les confie à un bristol sur lequel elles seront à jamais figées en mon herbier enrichi.

Mais un matin que j'étais tout à ma douce manie, j'ai fait une rencontre qui, cette fois, m'a laissé distrait et rêveur. Deux jeunes femmes débouchent au détour d'un énorme quartier de roche qui, jusque-là, nous avait dissimulés les uns aux autres. Au bruit des galets roulés, je me redresse : nous étions nez à nez. Elles s'attendaient si peu à me trouver, que l'une d'elles ne peut se retenir de pousser ce petit cri de gorge que

donne aux femmes une frayeur. Traduction :
« Un homme ! » Je souris de l'effroi que bien
involontairement je cause, et, pour un peu
plus, je m'excuserais. Mais, rougissantes,
mes deux jeunes femmes déjà trottinent
menu, glissant par ci, glissant par là, sur
les arêtes des roches, riant plus fort aux
éclats à mesure qu'entre elles et moi la distance devenait plus raisonnable.

Mais ce qui m'avait causé une surprise,
c'était bien moins leur brusque arrivée —
elles étaient quasi tombées sur moi — que
leur original costume de pêcheuses, un brin
collant, avec des culottes masculines arrêtées
au genou. Mais pourquoi encore ne pas dire
tout de suite vrai ? Eh bien ! leurs yeux à
toutes deux étaient incomparables. Immensément grands, noirs, profonds, sous un
front proéminent, ils étaient saisissants,
étranges dans ces deux figures pâles, très
pâles, où les lèvres faisaient une tache de
sang.

J'eus de ces yeux comme une obsession
et, par une de ces associations d'idées sou-
daines, j'en vins à penser à ce regard mystérieux, troublant, à ces paupières alourdies,
chargées de volupté de l'Hérodiade de Ben-

jamin Constant. Il y avait en eux beaucoup de cela, mais avec quelque chose de plus brillant et aussi de maladif.

Je les ai bien souvent revues depuis, les deux jeunes femmes, deux sœurs; j'ai chaque fois éprouvé la même impression. Elles se trouvaient être nos voisines; dans ce chalet qu'elles occupaient proche du nôtre, on jouait, on faisait de la musique, on riait, et c'était chose toujours déconcertante pour moi que leur désinvolture, leur souplesse, leur allure garçonnière, les transformations qu'elles aimaient à faire de leur personne, jamais plus étranges et plus séduisantes que lorsqu'elles adoptaient une coiffure simple, à la vierge, avec de larges bandeaux plats encadrant naïvement l'ovale de leur figure...

Mais tout ceci pourrait bien servir de début à une intrigue, sinon à un roman. Rassurez-vous. Je n'ai même pas cherché à savoir qui elles pouvaient être, parce que je tenais à garder telle quelle et sans autre mélange qui la pût gâter cette très agréable impression; tout esthétique en soi, de quelque chose de pas banal, d'entrevu, surtout quand ce quelque chose est un type de femme.

A part les longues excursions sur la côte à Préfailles, à Saint-Gildas, à la Bernerie, à Noirmoutiers en mer, les plaisirs sont modestes à Pornic ; ils sont ceux que nous aimons : le tour du marché, le matin ; les flâneries sur le port au moment des arrivages ; la promenade à la gare où l'on va chercher son journal ; les bonnes causeries entre amis qui ont des goûts pareils ; l'heure de la plage où l'on s'affale sur le sable, au pied d'un rocher, dans un coin d'ombre, en attendant la minute du bain, et puis la pêche au carrelet. Mais comme il n'y a pas de casino où l'on se rue, — celui de Pornic, assez éloigné sur la côte, vers la Bernerie, est bien plutôt dans la journée un établissement de bains et un bar où l'on goûte et se rafraîchit, — comme il n'y a pas non plus de plage où l'on se parque et s'entasse pour étaler les toilettes et faire resplendir les ombrelles, et que Pornic lui-même est désert la semaine, ne s'animant que le dimanche, vous avez cette inestimable ressource de pouvoir, partout et sans gêne, sacrifier à vos goûts. C'est, en somme, ce que chacun fait. J'en profite pour poser mon chevalet où bon me semble, car je suis de la confrérie des barbouilleurs, et, tout amour-propre mis à part, je me tromperais fort si je ne suis pas le cent cinquanté et unième de la saison à prendre ce coin de Pornic si franchement gai et haut en couleurs que l'on voit de Gourmalon.

LES CHEMINÉES.

LE CHATEAU DE PORNIC.

Les beaux rochers crevassés des Cheminées, les bords plats du Clion, l'entrée du port ont aussi tenté mes pinceaux, mais la belle toile que je voulais faire, je ne l'ai jamais achevée. Il en va toujours ainsi.

La pluie est arrivée; quatre jours de mauvais temps consécutifs; l'automne entrevu en plein été, froid, triste, apportant un ennui mortel. Nous nous sommes tous jetés sur les livres, les revues et les journaux. On commence par les plus récents, on finit par ceux d'il y a huit ou quinze jours. De temps à autre on se prend à coller son nez à la vitre, pas un chien dehors, pas un chant d'oiseau; tout ruisselle, les nuages crèvent les uns après les autres, et la tombée de l'eau fait une grande traînée blanche dans le loin, sur les fonds d'un gris de plomb. La mer est blafarde, terne.

On prend la plume, on écrit aux oubliés, à ceux que l'on a laissés derrière soi, un arriéré que l'on liquide en prévision du soleil qui s'obstine à ne pas revenir; tant mieux que ceux-là en profitent!

II

EXCURSION A NOIRMOUTIERS

La relation de cette traversée que nous fîmes de Pornic à Noirmoutiers devrait avoir la sécheresse d'un livre de bord, certains détails, autour desquels une plume d'un naturalisme outrancier pourrait seule se complaire, gagnant à demeurer dans l'ombre. Capitaine, j'aurais simplement écrit : « Grosse mer, grand vent, roulis et tangage, tout le monde malade sur le pont, matelots sur les dents. » Un point final, et c'eût été tout.

Sur ce petit vapeur qui sautait affreusement, se relevant mal à la lame, portant avec peine sa surcharge, nous étions cent cinquante excursionnistes environ, assis fort à l'étroit sur les banquettes circulaires et les pliants qui encombraient le pont et la passerelle. Dans le nombre beaucoup de jeunes et jolies femmes, toutes très attrayantes dans ces excentriques et claires toilettes de *season* que les faiseurs à la mode improvisent spécialement pour la plage, l'excursion ou le casino. Au départ, beaucoup d'entrain et de gaîté ; un chapeau mal assujetti que le vent a menacé d'emporter, un embrun qui mouille les épaules et le cou dans une embardée, un rien faisaient diversion, et voilà que maintenant le sourire a sur les lèvres quelque chose de crispé ; ces carnations fraîches et reposées de tantôt deviennent troublées, terreuses ; les regards vagues cherchent les lointains pour échapper aux attirances de l'eau qui glisse, s'enfle et creuse tour à tour, profonde et verte sous les franges d'écume ; les éblouissements deviennent plus fréquents, et si l'on ferme les yeux il semble que tout l'être amolli se fonde et s'en aille dans une défaillance douloureuse. C'est l'affreux mal de mer qui entre en scène et va faire des siennes, et les fioles allongées d'eau des carmes et les cordiaux et les petits flacons n'y pourront rien.

Voilà pourquoi je n'aurais dû faire qu'un laconique récit de livre de bord.

Malgré le vent, malgré la mer, les barques sont sorties, car le temps est au beau ; il y en a partout dans la baie de Bourgneuf ; un *boat*, qui cingle comme nous sur Noirmoutiers, serre le vent au plus près ; mais, en dépit des ris qu'il a prudemment pris, il donne terriblement de la bande à bâbord, embarquant à tout instant des paquets de mer. Depuis déjà longtemps il mène le train à quelques encâblures de nous sans se laisser sensiblement distancer par notre sabot; cependant, comme il oblique pour tirer une bordée, nous le laissons loin derrière nous sauter dans la lame.

Déjà devant nous la côte monte et s'élève bien que point très haute : une simple bordure de roches désordonnées au sommet de laquelle des bois de chênes-verts font la crête, dominés par les panaches d'une ligne de pins; il en émerge le phare de la Chaize et,

plus loin, une tour isolée, svelte, gracieuse, autour de laquelle la lunette cherche en vain les murailles d'un de ces vieux moustiers ravagés par les Normands. C'est la terre qui est là, à notre avant; tous les regards y vont, tous les appétits s'y donnent rendez-vous, tous ceux que le ballottement a écœurés en désirent le calme reposant; à tous elle apparaît accueillante, presque gaie à force de soleil, malgré les sévérités des roches rousses et le pauvre vert des massifs d'yeuses dont la ramure rabougrie et la tonalité grise, aux dessous argentés, ont quelque chose de l'olivier. Nous sommes bien encore en Vendée, mais le décor est breton.

Quelle joie lorsqu'on a eu mis le pied sur la passerelle! Les languissantes de tantôt sont les premières à se reprendre franchement à la vie; un peu de pâleur, un léger cercle de bistre autour des yeux et c'est tout ce qu'il en reste, de ce malaise passager. On s'en aperçoit du reste lorsque chacun s'avise pour de bon de gagner le seul, l'unique baraquement où l'on puisse se restaurer. Les tables sont en un clin d'œil occupées, les banquettes couvertes d'ombrelles, de mantilles qui sont autant de prises de possession tenant les places de ceux qui ne sont pas encore là; l'installation est rustique et sommaire, au plein vent, sous une grande tente, et c'est fort bien comme cela. On aura la musique de la mer, le murmure des pins, les chants des criquets et des cigales, un grand pan de ciel et de mer avec un lointain de côte brossé dans le fond, qui dépassent, ma foi! tous les concerts des casinos et toutes les peintures murales d'une table d'hôte. On a fait l'impossible pour nous mettre ensemble, mais enfin nous tenons pour de bon nos huit places en vis-à-vis. Elle est charmante cette corniche par où nous sommes venus dans une hâte qui ne nous a point permis d'y prendre garde davantage. Le sentier sablonneux, où tous les pas ont marqué, fuit avec de brusques contours entre les roches qui affleurent. Il paraît mystérieux et discret sous les branches basses des chênes, le soleil se plaît à y jouer, il le zèbre par places de rais lumineux qui papillottent au gré des ramures. On s'attend à voir apparaître dans le fond une de ces formes idéalement transparentes, une druidesse avec sa serpe d'or, un de ces génies enfin qui tiennent du rêve et comme Puvis de Chavannes aime à les concevoir dans ses paysages pâles.

Elle est autrement animée et locale cette note que jettent deux groupes bien divers campés à quelques mètres de nous, dont le plus bruyant n'est pas encore celui que vous penseriez.

D'un côté, sur la lisière de la plage, un

demi-cent d'ânes, les brides pendantes, la tête basse ou appuyée sur le col d'un confrère en ânerie, grattent le sable, ennuyés de la selle qu'ils se sentent sur la croupe. L'harmonie de leur troupeau est parfois troublée par une morsure ou une ruade que le voisin transmet avec usure au voisin, — ainsi qu'aux petits jeux, — et quand l'un des aliborons, en quête d'une maigre touffe de gramen s'écarte talin-talan du peloton, c'est alors à coups de trique qu'une fillette rousse le ramène dans le gros où quelques ânesses plus avisées ont pris pour dernier parti de se coucher dans l'ombre portée de leurs compagnons. Ah! ces diables de petits ânes de Noirmoutiers au poil raide, aux jambes grêles, agrestes et secs, ils ne rappellent que de loin sans doute leurs élégants *congénères* du Caire; mais n'importe! ainsi groupés dans la variété de leurs attitudes, ils seraient encore très bons à croquer s'ils ne posaient pour ce photographe qui les saisit en ce moment même dans un instantané.

En face, à quelques mètres, se tient le camp des âniers; garçons et fillettes en coëffe agitent quelque gros sujet de querelle; comme tout a une fin, ils se calment, attendant eux aussi, accroupis au pied d'un talus sous les chênes-verts.

Voici, sur la table où nous sommes, les premiers plats qui circulent, vite dégarnis, tant cette bonne brise de mer, tempérant la chaude journée d'août qu'il fait, a exaspéré les appétits. Les joies, les rires, les causeries animées fusent de partout en éclats que rien ne contient : on est si bien en plein air et le rire est si contagieux que l'on aurait grand tort de se gêner. Je crois voir encore certain jeune loustic parisien qui, à nos côtés, amusait la galerie à grand renfort de boutades parfois plus épicées que la sauce au homard qui piquait au même instant nos lèvres... Quand l'hôtelier fut à court de vivres, nous songeâmes à parcourir Noirmoutiers.

Notre grand breack, attelé de deux vigoureuses bêtes, eut vite brûlé la politesse aux petits ânes qui déjà trottinaient sur la route mangée de soleil et de poussière.

Cinq ou six villas fraîches et coquettes, au milieu des pins, dépassées, et nous voilà en rase campagne avec des guérets à perte de vue, des chaumes grillés, des murailles basses, en pierres sèches, des bordures de bois dans le fond, et puis, dans le lointain, se rapprochant toujours plus, Noirmoutiers, dont les toits brillent, dont le clocher et les tours du château profilent dans le ciel vibrant

NOIRMOUTIERS (VUE GÉNÉRALE).

de lumière et de chaleur leurs poivrières d'ardoises.

Nous en sommes encore à composer notre itinéraire lorsque le cocher nous invite à mettre pied à terre pour visiter l'église placée sous le vocable du bienheureux saint Philbert qui fit autrefois miracle dans la contrée. Une délicieuse fraîcheur tombe sur nos épaules comme nous pénétrons sous une vieille nef où l'on suspend des oriflammes en l'honneur du saint que l'on doit précisément fêter le lendemain. A pareille date, chaque année, c'est une occasion en Noirmoutiers pour faire grande liesse. Une escouade de dames et de religieuses fait la toilette au maître-autel et aux chapelles, dans les bas-côtés. Rien de remarquable à signaler en somme, et l'église de Saint-Philbert ne présenterait qu'un médiocre intérêt sans sa crypte du VIIe siècle où les fidèles viennent apporter leur tribut de vénération au tombeau du saint. C'est là un très ancien reste de l'oratoire primitif qui nous retient quelques instants.

Sur la place d'armes, où les ânes commencent à déboucher à demi-disparus sous les robes claires et les ombrelles, et déjà lassés, nous retrouvons le soleil dont la réverbération, renvoyée par les murailles du château, brûle les paupières. Banale construction militaire de la fin du XVIe siècle que le château, ensemble régulier et nu, conservé en bon état, de courtines reliant des ouvrages et des tours, mais sans originalité et où l'on rechercherait en vain les intéressants détails de la bonne époque. Un petit détachement l'occupe encore, et c'est une raison pour laquelle on ne peut s'engager sous les poternes, aussi ne faisons-nous que le contourner avec le break.

Entre toutes les curiosités à voir à Noirmoutiers il nous faut choisir. La partie sud de l'île est bien pour tenter avec les débris mégalithiques dont le sol est jonché; les menhirs, les entablements de dolmens y abondent : ce sont ceux des *Tardiveaux*,

LE CHATEAU.

des *Pinaizeaux*, du *bois de la Chaize*, du *Chiron*, de la *Fée* et encore de la *Roche brûlée*. Mais combien spleenétique ce côté du pays plat, désert, presque tout en marais salants ! La pointe nord, plus accidentée sur la côte, avec des anses, des criques, des îlots, le havre de l'*Herbeaudière*, des grottes, sera finalement le but de notre excursion.

Toutefois le cocher met une insistance pour nous faire monter tout en haut d'une vieille maison où, par un belvédère, on embrasse l'île dans sa presque totalité, ce qui nous fait nous attarder un peu. Des escaliers en bois vermoulu crient sous les pieds, et, comme par une lucarne à peine voit-on par delà une perspective de toits, un pan de ciel et un bout d'horizon, je m'empresse d'épargner l'ascension aux retardataires. Dans la rue que notre nombreuse troupe est encore seule à animer, le manège du bonhomme se découvre. Le breack est, en effet, à quelques pas, arrêté en face de l'hôtel du Lion-d'or, et déjà les domestiques s'avancent, prêts à s'emparer des menus paquets. La patronne, une grosse femme, haute en couleurs sous sa coëffe, fait la bouche en cœur et nous apprend que le restaurant de la baie de la *Chaize*, où nous avons déjeuné tantôt, n'est que la succursale de son hôtel. Elle nous souhaite la bienvenue. Mais qu'est-ce à dire?... nous sortons d'en prendre. C'est le grand air qu'il nous faut, à nous autres lancés à la recherche de l'impression nouvelle et de tout ce qui n'est pas le déjà vu ou le déjà connu! « Voyons, Madame, il ne s'agit pas de cela; c'est pour nous promener que votre break a été loué! Qu'y a-t-il à voir à Noirmoutiers?... — Oh! pas grand'-chose, mes bons Messieurs... Avez-vous vu *not' église qu'est ben belle?* — Oui. — Le

BAIE DE LA CHAIZE.

château?... — Oui. — Oh! alors vous avez donc *ben* tout vu, croyez-vous! — Mais il y a de vieilles maisons à voir dans le bourg, où sont-elles? — La nôtre est très vieille, mes bons Messieurs, elle a été fondée en 1837! — Il y a des dolmens, où sont-ils? — Des dolmens!... sais pas, Messieurs, qu'est-ce que c'est que ça... je vais demander. — Voyons, de vieilles pierres, dans la campagne... — Ah! je vois ça d'ici, Messieurs; mais c'est pas curieux ça, et puis c'est partout démoli; d'ailleurs, vous faudra aller à pied dans les champs, la voiture pourra pas vous y porter... Si ces Messieurs veulent se rafraîchir... »

Cocher! à l'Herbeaudière et retour par l'Anse des Dames!...

Ce n'est pas sans peine ni sans dépit derrière nous que le breack roule à nouveau. Il mène grand bruit de ferraille dans une longue rue vide, déserte, où l'herbe pousse dans la bordure des maisons qui semblent mortes; elles sont basses, grises, coiffées d'ardoises, anciennes pour la plupart, mais sans autre cachet qu'une date inscrite sur la clé de voûte; un rideau s'écarte de temps à autre, une tête de vieille apparaît avec un regard interrogateur derrière les lunettes; ailleurs c'est un jeune profil, mais quelle vie terne et monotone doivent mener là-dedans les bons bourgeois de l'île!

Brusquement, nous sommes en campagne. Quelle désolation! une plaine rase, blanche, mangée de soleil à perte de vue, des sillons curvilignes pour mieux retenir l'eau quand, par bonheur, elle tombe; pas un buisson, pas un arbre ici, le vent du large tue tout, appauvrit la terre, brûle l'herbe. Les habitations sont rares, espacées, on n'en voit que les toits bas émergeant de ces murs en pierre sèche, à hauteur d'appui qui, presque partout dans l'île, font damier. Dans la mélancolie de ce paysage au-dessus duquel le ciel semble immense, une seule chose apporte une gaieté : le moulin. Les ailes qui virent un peu partout à l'horizon font deviner l'écrasement régulier du blé sous les meules et le labeur du meunier dans un blanc poudroiement.

Cependant les marais salants et les piles coniques du sel qui s'entasse en monceaux d'un blanc immaculé marquent l'approche de la mer.

. . . .
Ces cônes sont les tas de sel sur les *ladures;*
Et ces riches tapis aux brillantes bordures
Ne sont que les *côbiers,* les *parcs,* les *œillets,*
Où l'évaporement laisse de gras feuillets
Métalliques, moirés, flottants, d'or et de soie (¹).
. . . .

Autour d'une fabrique de sardines en boîtes qui fume et nous envoie une nauséa-

___

(¹) Richepin, *La Mer.*

bonde odeur, un groupe d'ouvriers s'agite, et il nous paraît étrange de revoir à nouveau visage humain, tant cette vaste étendue semblait abandonnée et sans vie possible. *L'Herbeaudière*, où se fait l'arrêt, est une minuscule bourgade à la pointe des terres, plantée à la lisière de la plage; les habitations de pêcheurs sont de misérables chaumes abritant à leur couchant des façons de jardinets, des cabanes faites de lambeaux, de pièces, d'épaves, de débris assemblés; quelques fleurettes dans des marmites fêlées rient aux rebords des croisées; aux murs de torchis s'appuient des mâts, des avirons, des gaffes, des perches, des paniers d'osier; un peu partout des filets sèchent; hommes et femmes les remaillent, tandis que, sur le sable, vaillantes compagnes de la lutte quotidienne contre le vent et le flot, les barques, couchées de flanc, attendent la prochaine marée. Le môle, qui s'avance dans la mer, à cheval sur la croupe de roches noires et plates revêtues de mousses au vert intense et de varechs jaunes, protège ce port en miniature où l'on sent s'agiter une opiniâtre et vigoureuse tribu de travailleurs de la mer; il n'est pas jusqu'aux mioches à la tignasse embroussaillée, bronzés comme des Napolitains, superbes dans leurs guenilles, empestant la sardine, la rogue, le goudron à dix pas, qui n'aient déjà une crâne allure de loups de mer; ils sont des apprivoiseurs de crabes, des lanceurs de bateaux de liège, des godilleurs experts, des plongeurs émérites. Nous flânons un instant à l'Herbeaudière, et tandis que le gros de notre bande suit la jetée, mon jeune camarade — un ami d'hier et un très éveillé petit Parisien — et moi nous nous mettons résolument nu-pieds pour fouiller dans les goémons et les roches. Le temps nous était, hélas! bien limité pour un champ de recherches aussi intéressant, et je n'ai guère de l'Herbeaudière qu'un rapide mais charmant souvenir.

Il nous faut regagner l'intérieur de l'île pour revenir déboucher sur la côte, en face de la *Tour du Plantier*, la zone que nous traversons est moins ravagée; des blés coupés il ne reste plus, au ras des sillons, que les pailles sciées à la serpe, ce que, dans nos campagnes, on nomme les *retoubles* ou les chaumes, si chers aux cailles; mais dans les cours des fermes où, sur des toiles, le blé déjà dépiqué s'empile en cônes dorés, on est en grand travail, et dans une poussière blonde, hommes et femmes, la chemise collante au torse, sont occupés à faire blé fin — la vie agricole à côté de la vie marine. Nous voyons tout cela rapidement, à la traversée; les chiens aboient, les gamins se précipitent en hurlant, les travailleurs s'accordent une minute de répit pour nous voir passer, la main portée au niveau du front.

TOUR DU PLANTIER.

Mais la mer reparaît belle et profonde avec des moutons à la cime des vagues. Cette tour, là-bas, sur un îlot aux environs duquel une série de moindres affleurements font archipel, est le *Plantier*, un ancien phare édifié sur l'emplacement d'une batterie non moins abandonnée. Elle fit merveille pourtant, et l'on nous rapporte qu'en 1789 elle coula, avec une seule pièce de 32, une corvette anglaise qui s'était fourvoyée dans ses eaux. Hurrah! pour la batterie du Plantier!

Un rocher bizarre attire notre attention sur la gauche; dans le pays on l'appelle *le Cob;* il regarde le large avec un étrange profil de femme, et, sphinx de granit, il semble jeter à la mer mugissante on ne sait quelles mystérieuses énigmes.

Le retour s'effectue rapidement au travers du bois de la *Blanche*, et c'est en suivant une très étroite corniche qui serpente, monte et dégringole sous les chênes-verts, à la crête même des roches qui dévalent dans un chaotique éboulis jusqu'à la lisière du flot, que nous regagnons, vers la baie de *la Chaize*, notre point de départ. Cette courbe gracieuse que décrit la plage à nos pieds est l'*Anse des Dames*.

J'adore ces sentiers ombreux où la mousse étend partout son tapis vert sur les rocailles, aux troncs des arbres, jusque sur la terre où elle étouffe l'herbe; il y fait frais, la lumière du sous-bois y semble verte, l'horizon ne s'aperçoit que par de rares trouées, des lucarnes sur le dehors; et comme alors il paraît encore plus lointain et vaporeux! De belles roches grises couvertes de lèpres et de lichens ne laissent pour passer que de très étroites gorges où nous nous engageons non sans nous effacer; ailleurs, elles offrent une façon de siège accueillant; un délicieux réduit entre tous me frappe: celui-là fait face à la mer, et je m'aperçois bien vite que je ne suis point le premier à le découvrir; cent inscriptions, dont j'aimerais bien reproduire quelques-unes, n'était leur saveur de cantine trop prononcée, me montrent que les soldats de la garnison le connaissent depuis longtemps. Plus loin, dans une sorte de dolmen naturel, saint Philbert avait sa grotte, car elles abondent, les grottes, et celle du *Tambourin* n'est guère loin d'ici; très proche encore, en un autre trou à peine habitable, une vieille femme, morte depuis peu, vivait en recluse, n'apparaissant de loin en loin aux habitants de l'île que pour faire sa collecte. Elle n'avait plus ni face ni voix humaines.

A un détour nous nous heurtons au phare de *la Chaize;* le débarcadère se laisse voir entre les arbres avec ses pilotis. Notre excursion en Noirmoutiers est terminée.

III

RETOUR A PORNIC

J'ai dit qu'à Pornic les plaisirs étaient ceux que l'on savait se procurer, et c'est ainsi que, pour la deuxième fois, nous pénétrons dans les terres, en longeant les bords du Clion, à travers de belles prairies plates, pour pêcher l'anguille à une bonne place que nous avons su trouver et que nous tenons secrète aux rivaux, amateurs de pâté d'anguilles ou de fritures. Les dames ont comme nous les mains encombrées de cannes à pêche, de lignes, de paniers d'osier, et nous leur laissons prendre les devants. Leurs robes traînantes effarouchent les sauterelles qui partent de tous côtés à leur approche ; leurs gazes flottantes mettent en fuite les alouettes de mer, les motteux, les bergeronnettes ; les martins-pêcheurs déguerpissent des bosquets de tamarins où ils faisaient le guet et s'en vont, rapides, filant comme un trait, au ras de l'eau.

Il n'en faudrait pas plus pour faire un charmant tableau de genre, mais dont le peintre ne négligerait pas le paysage et les fonds, qui sont admirablement calmes et nets sur la limpidité du ciel.

Comme nous arrivons sur une levée de pierres qui plongent dans le Clion, protégeant les talus assez raides de la voie ferrée, chacun apprête sa ligne, essaie ses crins, visite les appas et les hameçons. Et maintenant jusqu'au soir nous allons regarder le bouchon indicateur. Dans les fonds vaseux l'anguille se tient entre les pierres, paresseuse — car c'est la nuit qu'elle se remue — prudente, longue à mordre, ne sortant qu'à demi. Elle s'amuse au ver; prise, elle est terrible à sortir de l'eau, car elle se défend, se tord, se cramponne aux pierres. Le roseau plie, le fil tend à se casser, elle ne vient toujours pas. Enfin on l'a... à moins que tout l'attirail ne demeure au fond, emporté par elle.

La pêche ne va pas fort; pour comble de malheur, je suis démonté. J'y renonce. On s'amuse de mon peu de longanimité. Et la friture?... Je n'y pense plus. Je tire ma fiole d'encre de Chine de ma poche, je prends un pinceau, mon godet c'est le Clion. Je croque un sauvage motif, des roches éventrées par la voie ferrée, des talus qui dégringolent au-dessous d'elles et disparaissent sous les ronces et les broussailles, en face la plaine. De temps à autre passe une barque chargée d'enfants, d'excursionnistes, bruyante.

On fait collation et puis on prend le chemin du retour. Il se fait par une tombée de soir apaisée, claire, emparadisée par les feux du couchant qui mettent en lumière Pornic, au loin, sur sa hauteur. Les meules de foin embaument, partout les vaches pâturent, les gamins les poursuivent à coups de mottes.

Nos valises sont bouclées; en route pour la Bretagne!

Nous quittons Pornic par une radieuse matinée; toutes les barques sortent, la baie est encombrée de voiles, quelques buées traînent encore dans le loin, le soleil les aura bien vite bues. Les ménagères passent le bac, elles commencent une autre journée, et nous, c'est presque avec un regret que nous partons : Pornic n'a jamais été plus coquet.

VITRÉ

I

Pour peu que vous aimiez, dans les vieilles cités, les vieilles rues tortueuses ou montantes, les vieilles maisons, les vieilles inscriptions naïves, les vieilles figurines grotesques ou symboliques sculptées aux têtes des solives, *l'antiquaille*, enfin, sous toutes ses formes, répugnante aux uns, capable d'inspirer une terrible passion aux autres, et que de tenir tout le temps votre nez en l'air ne vous donne pas le torticolis, faites comme moi : allez à Vitré. Mais si, comme il m'est arrivé, vous y tombez en pleine canicule, en cours de villégiature, choisissez donc pour votre première promenade à travers les venelles l'heure de quatre heures. La chaleur commence à baisser, mais pas encore le jour; partout, oblique et diffuse, la lumière se promène, adoucie, dans tous les coins et recoins; elle semble y fureter, elle s'accroche à tous les reliefs, elle allume les verrières, elle fait scintiller les ardoises en écailles des pignons, tandis que l'ombre devient plus longue et enveloppante. Les peintres, qui connaissent bien ce moment, savent le mettre à profit pour préparer leurs calmes soirs d'été; les dessinateurs le recherchent à cause des alternances vives des parties d'ombre et des clairs, et l'archéologue qu'il faut être dans une ville comme Vitré, dont l'histoire et les souvenirs sont écrits et sculptés dans le bois ou sur la pierre, sait aussi comme il pourra fouiller à son aise et saisir les détails infinis qui l'arrêtent et le captivent à chaque pas sans crainte d'envoyer à tous les diables le soleil aveuglant.

Quatre heures! Les écoliers sont sortis de la classe par bandes, les bonnes femmes tricotent au seuil des portes, les logis respirent par toutes leurs fenêtres grandes ouvertes, les ateliers sont pleins de chants, la journée se termine comme elle a commencé, dans un regain de vie et de travail.

Cependant, comme vous avez débarqué du

train dans une élégante gare; qu'autour d'une grande place des bâtisses récentes, blanches, rehaussées de briques rouges avec des toits d'ardoise, font figure du mieux qu'elles peuvent; que des arbres plantés d'hier, marronniers ou tilleuls, entourés de crinolines, mangés de poussière, souffreteux, demandent de l'eau, de l'eau pour redonner un peu de vert à leurs feuilles rôties, et qu'une fontaine Wallace s'offre à tout venant, vous avez pu vous croire, dès en arrivant, dans une sous-préfecture quelconque, banale et morte, mais où la municipalité aurait montré le souci d'atteindre au convenable dans le genre moderne.

Deux hôtels, placés dans un coin, porte à porte, se sont disputé votre préférence, et pendant une minute vous avez pu vous demander par quelle flânerie serait tué le temps jusqu'à l'heure de la table d'hôte.

Voilà que cette perspective n'est qu'un faux nez que l'on a mis à Vitré, qu'un affreux placard, et qu'à peine êtes-vous engagé dans la première rue venue, votre étonnement commence. Ce que vous apercevez, en effet, ne ressemble à rien : c'est un décor moyen âge à peine soupçonné. Par un coup d'une baguette magique, brusquement, sans transition, vous êtes transporté, avec un réalisme d'une étrange intensité, à trois cents ans en arrière, et plus, bien souvent. Ces pignons bizarres, ces avancements invraisemblables des étages supérieurs qui surplombent, ces encorbellements superposés, ces vastes toitures qui semblent écraser les maisons de tout leur poids, ces lucarnes, ces auvents déconcertent au plus haut point notre conception moderne d'une habitation.

Comment ces maisons inclinées, ventrues, irrégulières, posées de biais, avec des bosses, des déviations qui les rendent monstrueuses, tiennent-elles leur équilibre? Miracle! Mais voyez-les : elles se poussent les unes contre les autres et se prêtent un mutuel appui; les siècles leur ont donné une fière chiquenaude, et pourtant elles résistent encore, vaillants débris d'époques, d'âges, d'hommes, de faits mémorables, qu'elles nous aident puissamment à restituer.

De temps à autre, quelqu'une disparaît, et c'est grand dommage; le bourgeois de nos jours veut avoir, comme son ancêtre, pignon sur rue; mais, pour cela, sur les fondations de la vénérable aïeule, il élève une correcte bâtisse. Adieu la lucarne en haut du toit,

MAISONS (RUE POTERIE).

adieu les hauts combles où les charpentes du pignon étaient un chef-d'œuvre d'agencement, adieu les verrières, adieu la petite niche du saint ou de la sainte, adieu le porche, adieu les belles poutres et les solives sculptées, et les gargouilles de zinc, de pierre ou de plomb! peu lui en chaut : cela, depuis longtemps, ne lui dit plus rien ; il fallait à son ambition une façade blanche, d'étroites fenêtres, un escalier de pierrre.

Puis-je, après tout, lui jeter si fort le pavé, à ce Vitréen, mon contemporain, moi qui ai si fort à cœur d'être de mon siécle, et même du prochain? Evidemment, non ; mais ce que je sais, à n'en pas douter, c'est que nos maisons, nos faubourgs, nos villes d'aujourd'hui n'arriveront point à forcer, par ce côté du moins, l'admiration des postérités futures. De style, nous n'en avons que lorsque, d'aventure, nous singeons les modèles du passé. Aussi ne puis-je que déplorer la rapide disparition de ces reliques de la vieille France. Leur conservation décrétée, leur entretien, leur restauration seraient encore un pieux hommage à la mémoire des hommes qui passèrent leur vie à conquérir leurs franchises et à lutter pour elles. Ils eurent des énergies que nous ne nous sentirions guère, et souffrirent héroïquement des maux que nous ne connai-

trons plus. Il est curieux de voir une âme
sensible comme l'était celle de Mme de Sévigné, qui, pourtant, s'efforçait bien d'être
Bretonne aux *Rochers*, ne pas trouver un
cri du cœur à l'adresse de ces braves bourgeois de son temps, qu'un gouverneur [1]
avide et vindicatif rançonnait, lorsque —
comme il arrivait à Rennes — il ne les exilait
pas, avec leurs femmes et leurs enfants, par
quartiers, lorsqu'il ne les faisait pas rouer.
Et ceux-là, qui, sous le grand roi, accablés
d'impôts, pillés par les troupes qui sans cesse
sillonnaient la province, trouvaient moyen
de racheter par trois fois, à coups de millions
de livres, des édits qui leur étaient aussitôt
rendus, étaient les descendants des huguenots qui avaient traversé toutes les horreurs
de la Ligue, — mais terribles, eux aussi,
dans leurs représailles, — et des loyaux
sujets du baron de Vitré, qui, vers la fin des
longs sièges, en lutte contre l'Anglais, le roi
de France, le duc de Bretagne lui-même ou
les seigneurs voisins, venaient apporter les
pierres des murs de clôture de leurs courtils
ou de leurs maisons, alors que les engins

---

[1] M. de Chaulnes.

manquaient pour rouler sur les assaillants, du haut des mâchicoulis des remparts et du château. Voilà ce que me disent de leurs courageux habitants de jadis ces tant vieilles masures aux formes déjetées, lasses de leur âge, décrépites et chenues, qui demandent des étais en guise de béquilles.

Comment ne pas songer à tout cela lorsque, dans une même rue, dans la rue *Baudrairie*, par exemple, telle maison à pignon est du XVIIe siècle, telle autre du XVIe, et tel hôtel chargé de sculptures par un artiste de la Renaissance.

MAISONS (RUE BAUDRAIRIE).

C'est assez dire que tous les styles sont mêlés; mais de là vient l'émerveillement des yeux. Avec du bois, de la pierre, de la brique, voire même du torchis par endroits, de vul-

LUCARNE (PLACE NOTRE-DAME).

gaires maçons ont fait, sans le secours d'architectes, sans plans ni devis, en donnant simplement carrière à leur imagination, des chefs-d'œuvre de charpente, trouvé d'audacieuses combinaisons, réalisé des problèmes d'équilibre, tout en s'attardant aux détails les plus minutieux du décor, car les façades sont à plaisir enjolivées de moulures, de figurines, de bustes. Ils ont fait œuvre durable. Mais ce qui paraît surtout leur avoir tenu à cœur d'éviter, c'est la monotonie, la régularité; l'asymétrie est la règle, ils en ont fait une beauté. Et comment cela pourrait-il surprendre, alors qu'au siècle de Lenôtre, sous le règne du *cordeau*, un poète écrivait qu'un beau désordre était souvent un effet de l'art?

Cette diversité surprenante, la plume la plus experte n'en pourrait même donner une idée; un crayon fidèle saurait seul donner sa physionomie à cet échafaudage touffu de boiseries, d'auvents, de lucarnes, de pignons aigus ou trapézoïdes, de toits, d'épis de faîtière, et encore la couleur n'y serait pas. La vieillesse des choses a pris des aspects ravissants, le temps a mis amoureusement sur elles sa patine; les toitures sont tapissées de plaques de mousses jaunes, leurs arêtes de gramens et de giroflées, où viennent s'abattre et picorer des vols de pigeons; sous la poussée des végétations, les ardoises se sont soulevées dans un hérissement; vous n'imagineriez d'ailleurs pas la place qu'elles tiennent dans cet ensemble de constructions: elles couvrent les toits, revêtent les façades elles-mêmes, mais ici elles sont taillées en losange, et là elles sont de menues écailles qui reluisent au grand soleil comme les pièces d'une cuirasse.

La rue *Notre-Dame* a moins de ce caractère, car elle se distingue par ses vieux hôtels renaissance avec des pilastres, des rinceaux, des tournelles, des œils-de-bœuf,

PORCHES DE MAISONS (RUE POTERIE).

des meneaux, des linteaux finement ciselés et fouillés, tandis que la rue *Poterie* vous amène aux pignons, aux porches nombreux sous les encorbellements, aux cours resserrées. Tout ici s'enchevêtre, tant on est à l'étroit; les escaliers de bois font saillie; abrités sous un auvent, ils tournent dans une cage à jour, envoyant à chaque étage un pont d'allée pour sa desserte; les pignons, penchés, comme prêts à se laisser choir en avant, tendent à se rejoindre de chaque côté de rue; d'une fenêtre à l'autre on pourrait se donner la main, et le touriste, qui muse et s'étonne à chaque pas, se promène au travers d'on ne sait quel étrange musée. Sur de petits balcons, il y a des fleurs, des œillets, des basilics, des drapeaux, des linges, des oripeaux dont les couleurs vives égaient les intérieurs sombres dans lesquels on plonge.

La population ouvrière ou misérable de Vitré grouille dans les logis de ces vieux quartiers, qu'elle transforme en une Cour des Miracles débordante de friperie; elle achève ce qui leur reste de poésie, gâte et dégrade à plaisir. Le propriétaire lui-même s'est dit : « Après tout, cela tiendra tant que ça pourra. » Les plâtras tombent, les boiseries sont à nu et pourrissent, les murs s'écaillent et s'effritent, les ardoises se détachent, et le lamentable reste de la demeure qu'un bourgeois cossu du XVe siècle éleva, attend patiemment l'éventrement définitif : *sunt lacrymæ rerum*.

La rue *Baudrairie*, la rue *Poterie*, la rue *Notre-Dame*, trois rues uniques, trois raretés ; les plus difficiles, les plus indifférents ou les plus blasés n'y sauraient redire.

Mais ce n'est là qu'une partie de l'ancien Vitré ; il y a encore le faubourg des Moines et l'industrieux quartier du *Rachapt*, au pied des remparts et du donjon. A chaque maison, la clé de voûte porte une date vénérable, souvent une inscription ; le noble ou le bourgeois l'a voulue selon son tempérament, prétentieuse ou simple ; j'aime celle-ci, très naïve, dans la rue d'*En-Bas*, et qui est d'un modeste ou d'un sage :

PAX-HVIC-DOMVI-ET-HABITANTIBVS-IN-EA.-1686.

Ces quartiers, encore admirables, ont été mutilés horriblement ; du rempart qui les enfermait et formait l'enceinte extérieure du vieux Vitré, il ne reste plus rien, ou peu s'en faut ; à peine, de loin en loin, un pan de courtine qui subsiste on se demande pourquoi et comment. Les hygiénistes ont fait une enquête par ici et condamné le tout en bloc; les trouées ont été pratiquées un peu partout, sous leur contrôle, pour laisser pénétrer l'air, et les trois antiques portes d'*En-bas*, d'*En-haut*, de *Gâtesel* sont tombées sous la pioche des manœuvres. Elles gênaient bien un peu, si vous voulez; depuis longues années déjà, ce n'était plus par elles que l'on entrait à Vitré, et pourtant leur robuste vieillesse, les remarquables détails de leur architecture eussent dû leur obtenir une grâce qu'elles méritaient bien.

J'ai supposé que le touriste lancé au travers des rues de Vitré, à la découverte du moyen âge, n'a pu profiter que des dernières heures de son après-midi, en sorte que la nuit était tombée et l'heure de la table d'hôte depuis longtemps passée lorsqu'il s'est trouvé devant l'église Notre-Dame.

Il s'est résigné : il a rebroussé chemin, remettant au lendemain sa visite à l'église et au château.

II

Vitré possède trois églises, dont la plus remarquable est, sans contredit, l'église

Notre-Dame — une des productions les plus pures de l'art gothique en Bretagne, qui en compte tant et de si belles ; ce n'est pas que, plusieurs fois remaniée, reprise, agrandie, elle ne porte en maints endroits la trace de ces ajoutiers divers, mais cela encore offre un intérêt de plus au touriste, qui peut suivre ainsi les transitions de l'art, comme il le ferait dans les pages d'un livre, en même temps qu'il saisit le moment précis où se manifesta l'art nouveau qui nous vint d'Italie. La Renaissance n'a pas, en effet, laissé de poser sa griffe sur telle partie de Notre-Dame ; le résultat inévitable de son influence est cependant ici à peu près négligeable, et ce qui reste de cet art breton du XVe et du XVIe siècle, qui fut vraiment national et le demeura à une époque où les artistes français avaient perdu les traditions des vieux maîtres du XIIIe siècle, édificateurs de cathédrales, est de tous points admirable. Car la Bretagne, cette réfractaire invétérée, le fut en art comme en politique ; une des dernières entrée dans ce mouvement de centralisation, dont se servit si habilement la royauté pour uniformiser nos vieilles provinces, elle multipliait ses calvaires, ses chapelles, ses abbayes, ses clochers, ses églises incomparables, conservant dans sa splendeur le type clunitien, alors que partout, et depuis longtemps déjà, architectes et sculpteurs de la Bourgogne, de l'Ile-de-France ou du Poitou en étaient aux ornementations précieuses, aux fioritures, aux surcharges, aux miniatures de la Renaissance.

Fait peu commun, et par suite à signaler : l'église Notre-Dame n'a pas souffert davantage des retouches modernes ; sa flèche, réédifiée en 1858, est bien en harmonie avec le caractère général de l'édifice. Elle a remplacé, non sans hardiesse, la flèche primitive de 1420, définitivement ruinée par un incendie en 1704, après d'innombrables vicissitudes. Encore n'a-t-elle pas péri tout entière pour nous, puisqu'un vieux tableau, dans la chapelle Sainte-Anne, nous en a gardé la très fidèle représentation.

La nef principale, les latéraux, les deux bras du transept, le chœur fourmillent de détails ou de motifs d'une réelle et piquante originalité ; les inscriptions aussi sont nombreuses, et certaines, parfois, trop longues ; les unes perpétuent la mémoire de donateurs généreux qui pensèrent, de cette façon, prendre soin de leur âme, et les autres nous parlent de seigneurs et de nobles dames trépassés depuis des siècles. C'est ainsi que dans la chapelle des Bénédictins, au centre de l'abside, derrière le maître-autel, une petite pierre tombale rappelle ce que fut l'une des puissantes châtelaines de Vitré; l'épitaphe, creusée dans la pierre en caractères du temps, n'est rehaussée que par un écusson aux armes des maisons de Laval et de Retz. La voici dans sa simplicité : « CY GIST MADAMME MARIE : DAMME ET HERITIERE DE RAIX : JADIS EXPOVSE DE HAVLT ET PVISSANT MONSIEVR ANDRE DE LAVAL : EN SON TEMS SEIGNEVR DE LOHEAC : DE LANVEAVX ET DE GVERGOBLAY : MARECHAL DE FRANCE : LAQVELLE DAMME TREPASSA LE PREMIER JOVR DE NOVEMBRE DE LAN MIL IIII^{cc} LVII †. »

Par ailleurs on trouve encore les armes de Laval dans la chapelle Saint-Roch, celles de Bretagne et de Pierre Landais aux c'és de voûte des chapelles de Saint-Jean-Baptiste et Saint-Sébastien. Le jubé date de 1491, les bénitiers de 1593; une porte de sacristie, basse, en ogive; une crédence de belle dimension, dont le sculpteur n'acheva pas le travail demeuré tel quel; des grotesques grimaçants aux chapiteaux, certains d'une curieuse conception, attestent assez l'ancienneté de ce latéral gauche. Quant aux verrières, d'où tombe sur les dalles une lumière tamisée et multicolore, elles sont uniques. Une seule, intacte, qui représente l'*Entrée triomphale du Christ à Jérusalem* (1537), éclate dans toute sa splendeur, et combien vénérable par son ancienneté, combien riche par ses nuances adoucies, combien poétique par les têtes et les attitudes naïves de ses personnages maigres, émaciés, mystiques dans leurs tuniques aux teintes vives! Morceau superbe qui fait assez regretter les richesses perdues dont il reste par ailleurs de trop maigres fragments, que ne réussiront pas à faire oublier les très beaux vitraux modernes qui les ont remplacés.

Dans la chapelle Sainte-Anne, voici encore un bijou de haute valeur : un triptyque où, sur trente-deux émaux d'une irréprochable fraîcheur, est retracée la vie du Christ et de la Sainte Vierge. Il est l'œuvre d'un émailleur limousin du XVIe siècle, Jean-Baptiste Perricaud, l'un des fameux Perricaud. Artistes de père en fils, ils se perfectionnaient et se livraient les secrets de leur fabrication, et, comme des souverains, signaient : Perricaud I, Perricaud II, Perricaud III. Au dos de la boiserie de chêne qui les encadre et les enferme, vingt-quatre rimes, qui ne durent pas mieux valoir alors qu'aujourd'hui, nous font connaître le nom du donateur, sieur Jehan Bricier, qui montra évidemment par là le souci d'arriver, à sa façon, à la postérité :

> Donné céans fut ce tableau
> Par un nommé Jehan Bricier,
> Qui escripvit cet escripteau
> Et le dicta tel que voiez,
> La veille de Noël, croiez,
> Que l'on disait mil et cinq cens
> Quarante et quatre bien comptez ;
> Et lui cousta cinquante francs.
> Les histoires qui sont dedans
> De Limoges en apporta ;
> Et Robert Sarul, point ne mens,
> Le bois tailla et assembla ;
> Puis, maistre Jacques l'étoffa
> Qu'on appelle de Loysounière.
> Mais savez-vous qui le ferra ?
> Fut Jehan Bernard Ragotière,
> Si ce dicton vient à lumière,
> Vous, messieurs qui le trouverez,
> Je vous supplie faire prière
> Pour les âmes des trepassez

> Que Dieu veuille pardonner;
> Car je vous notifie à tous
> Quainsi pour les défunts prierez
> Tout ainsi l'on prira pour vous.

Amen! maître Jehan Bricier, et qu'il soit fait selon votre volonté!

Les statues, les tombeaux anciens et modernes ne manquent pas dans les quatorze chapelles des bas-côtés; ils témoignent, pour la plupart, de la reconnaissance des ouailles de Notre-Dame pour leurs aumôniers et pasteurs, et ne se rapportent que de loin, par suite, au côté plus spécial qui nous touche.

Cette visite à Notre-Dame, si rapide qu'on la veuille, n'est pas, on le devine de reste, sans prendre quelque temps, surtout si l'on a laissé travailler le crayon, qui a fort à faire, et cependant on ne peut s'éloigner sans donner un coup d'œil aux façades. Celle du midi est, en effet, particulièrement digne de retenir l'attention par la succession de ses pignons, de ses contreforts surmontés de pinacles très finement travaillés et non moins variés, et aussi par ses rosaces, ses baies, ses balustrades ajourées, qui sont du meilleur gothique flamboyant. On ne peut surtout passer auprès de la porte latérale percée dans cette façade, sans admirer une chaire extérieure, qui est un des plus curieux spé-

cimens de ces sortes de tribunes en plein vent, dont on ne compte pas, que je sache, plus de trois ou quatre en France ([1]). Il en est qui prétendent qu'aux jours de grande fête carillonnée, alors que la grande nef ne pouvait contenir la foule du peuple, le prédicateur la haranguait sur la place publique, du haut de son édicule. Selon d'autres, l'origine de ces chaires remonterait aux époques troublées de la Ligue, où les prêches auraient été contra-

---

([1]) Saint-Lô et Guérande, notamment, ont une chaire extérieure.

dictoires entre catholiques et huguenots. Les deux prédicants traitaient un sujet convenu, se mesuraient corps à corps dans une lutte toute de casuistique, se jetant les auteurs sacrés et la Bible à la figure, et terminant aussi par de grossières invectives, en guise de péroraison, lorsque l'argument, démoli, ne les servait plus. Le grotesque frisait le sublime couramment ; mais on en vit d'autres du temps du sombre Agrippa d'Aubigné et de l'auteur de la *Satire Ménippée!*

Elégante et fine, composée d'une caisse sobrement ornementée, supportée par un pédicule octogonal et d'un dais en forme de pyramide surmonté de crochets, d'aiguilles et de pinacles, cette chaire extérieure ajoute, de façon aussi agréable qu'imprévue, au décor de cette façade.

Vite, je prends mon bloc de papier cançon, mon pinceau ; en quelques minutes, j'ai une très satisfaisante impression à l'encre de Chine. Une jeune fille, tentée comme je l'ai été, s'applique à en obtenir autant à l'aquarelle ; elle pignoche encore que je m'apprête à lever la séance, en quête d'un motif nouveau. Mais la place est bonne ; mon œil a rencontré, en l'air, suspendue, avançant, menaçante, horrible, hérissée, gueule ouverte, une incomparable gargouille en plomb repoussé. Elle figure un chien chimérique, apocalyptique, des ailes de dragon au

GARGOUILLE EN PLOMB (HOTEL HARDY).

dos, un carcan fleurdelisé au cou; c'est surtout quand il pleut et qu'elle vomit l'eau des dalles que l'on peut dire : *cave canem*. J'eus, à ce moment, le plaisir de la découverte, car personne ne me l'avait signalée. Viollet-le-Duc la relève dans son *Dictionnaire d'architecture*, où la reproduction qu'il en donne n'est pas précisément d'une exactitude irréprochable. Cette guivre est à l'angle sur rue d'un des vieux et beaux hôtels de Vitré, l'hôtel Hardy, devenu hospice aujourd'hui. Il a fort grand air, et ne sent certes point la ruine. On compte, d'ailleurs, pas mal de ces anciennes demeures, pleines de souvenirs, dans Vitré; quelques-unes furent même princières, comme celle de la princesse de Tarente, dont Mme de Sévigné a si souvent parlé dans ses lettres datées des *Rochers;* l'habitation remparée de Pierre Landais, entre autres, et l'hôtel de la famille de Laborderie, sur la *place du Marché*, méritent d'être cités. Les lucarnes, les tournelles et les hauts combles surmontés de girouettes sont très intéressants, et j'en pris un sommaire croquis.

Le délabrement de quelques-unes de ces vieilles habitations navre, tant sont pénibles à voir les ruines de leur ancienne splendeur. Mais, à ce propos, une remarque qui trouve bien ici sa place, attendu que je la fis sur les lieux mêmes. Il y a très peu d'années encore que le moyen âge et les chefs-d'œuvre qu'il nous a légués étaient incompris, pour ne point dire méprisés. Ce dédain partait de très haut : les pontifes officiels de l'art le professaient ouvertement, réservant toute leur prose laudative et leurs travaux de reconstitution à la célébration exclusive d'anti-

quités qui nous touchaient bien moins : les
antiquités grecque et latine. Ils étaient une
Église en dehors de laquelle aussi point de

salut. Les vieilles maisons de nos aïeux? —
taudis incommodes et enfumés, logis irrespirables! Leurs châteaux? — architecture

surannée, sans caractère, négation même du confort, repaires de brigands pleins d'ombre! Seules, quelques vieilles cathédrales trouvaient grâce devant ces classiques forcenés, qui oubliaient qu'en fait de classique notre art national, dans toutes ses manifestations et à toutes les époques, devait l'être en premier. Enfumées, ces maisons à pignon de Vitré, de Rennes, de Fougères, de Rouen, ces hôtels Renaissance, ces manoirs! Excusez du peu, Messeigneurs! Heureusement qu'une pléiade de novateurs, qui ont été des révolutionnaires, est venue mettre un « holà! » qui s'était, hélas! trop fait attendre, puisque nombre de merveilles avaient déjà péri, alors qu'il était encore à peine temps d'en sauver tant d'autres. D'un trait de plume on avait ainsi biffé de nombreux siècles de notre histoire de l'art. On avait jugé toute une époque, et avec elle une innombrable suite d'artistes inconnus, d'après ces maisons à pignons, croulantes de vétusté, noires dans les rues étroites, oubliant qu'elles étaient bien les seules demeures que pouvaient avoir nos aïeux, dans les faubourgs rétrécis qui se pressaient, à l'abri des enceintes, jusques au pied du château d'où leur venait aide et protection. Mais encore combien variées, combien ornées dans leur fruste robustesse, combien durables aussi ! Partout des sculptures, des bustes, des feuillages, des moulures, des rinceaux, des escaliers, des charpentes qu'on ne fera plus. Mais, à côté de ces humbles, ne trouvons-nous pas les beaux, les vastes, les splendides hôtels, construits en belle pierre de taille, en granit même, avec de hauts combles, de larges cours, des baies spacieuses, des salles commodes, bien disposées, dont le luxueux aménagement étonne parfois ?

On avait surtout péché par ignorance : les Henri Martin, les Michelet, les Viollet-le-Duc, les Du Cleuziou, les Fustel de Coulanges, et bien d'autres d'aussi bonne compagnie, vinrent donner à ces études du moyen âge toute l'importance qu'elles devaient avoir ; la vieille Église n'est pas morte, sans doute, mais la jeune grandit auprès d'elle. La Commission des monuments historiques a fait, de son côté, de très bonne besogne en peu de temps, et les effets de l'intervention de l'État se font sentir un peu partout.

C'est fort heureux, et c'est pourquoi ceci méritait d'être dit en cet endroit.

Sur le côté d'une grande place où nous débouchons au sortir du dédale d'étroites et sombres venelles que nous suivons depuis le grand matin, le château nous apparait tout à coup, énorme, massif, avec ses hautes courtines, son Châtelet, son donjon et sa ceinture de tours rondes ou carrées, dont les combles ardoisés pointent de tous côtés par-dessus les murailles. Cette première impression n'est pas seulement saisissante, elle est étrange; ici, des pans de remparts écroulés, une brèche béante; là, un superbe ouvrage tout de neuf restauré, attestant la persistante puissance de ce formidable repaire de barons, et, comme partout, au milieu d'une poussière dorée par le soleil, des escouades d'ouvriers travaillent la pierre, scient les madriers, portent la chaux ou le mortier, tandis que claquent les fouets, piaffent les percherons et se déversent les tombereaux avec un grand bruit de cailloux froissés. Il semble que vous tombiez à l'improviste, au lendemain même d'un assaut, dans une de ces rares trèves que le seigneur employait à la réparation rapide de ses défenses endommagées.

Mais les fossés sont vides, les grenouilles

n'y chantent plus à la lune par les belles nuits d'été, la sentinelle ne veille plus dans les échauguettes; dans les chemins de ronde le pas du touriste résonnera seul désormais, et si, chaque jour, les manœuvres de ce chantier au plein air s'attachent à faire disparaitre la ruine, le bon château a assez guerroyé, subi de chocs, repoussé d'escalades, il a fait jusqu'au bout son loyal service, et c'est un glorieux et pacifique repos qu'on lui réserve, puisque sa vaillance se perpétuera encore à travers les siècles. Comme aux vieux guerriers blanchis sous le casque, on lui assure ses invalides pour que, longtemps encore, le camarade des premiers jours et des héroïques luttes domine sur ces toits qui se pressent et grouillent jusque dans son ombre, sur ces faubourgs populeux qui grandirent sous sa protection jusqu'à l'heure où, forte et débordante, la ville brisa l'étroit corset que les remparts faisaient à sa taille.

Une passerelle volante, jetée sur le fossé en guise de pont-levis, donne accès sous une poterne cintrée qui s'enfonce très basse dans toute l'épaisseur de ce colossal ouvrage qui est le Châtelet.

Avec ses deux énormes tours jumelles coiffées de hauts combles pointus, bardées de mâchicoulis reliés au-dessous du chemin de ronde par un gracieux détail d'architecture gothique, ses tourelles, ses archères, ses lucarnes et ses cheminées, cette défense, aussi forte qu'un donjon, présente un ensemble très complet, aux proportions à la fois géantes et harmonieuses.

Sous la herse, au lieu et place du guichetier d'antan préposé au service du pont-levis, un concierge bien moderne fouille déjà dans son trousseau de clés, et, sans plus tarder, il nous fait gravir à sa suite l'escalier en vis d'une tournelle qui dessert les trois étages de cet ouvrage militaire du XIVe siècle, aujourd'hui transformé en bibliothèque municipale et en musées. Il va sans dire que des vénérables in-folios rangés dans un bel ordre, nous ne voyons que les côtes dorées, presque confus de troubler le silence dans lequel une demi-douzaine de travailleurs compulsent des archives qui sont, paraît-il, du plus haut intérêt. Mais nous voici bien à notre affaire; dans un pêle-mêle qui n'est pas sans charme parce qu'il est plein d'imprévus et de rapprochements inattendus, sont disposés des émaux, des ivoires sculptés, des missels enluminés, de vieilles serrures, des statuettes, des bustes, des médailliers,

LE CHALET VU DE L'EXTÉRIEUR.

des verreries, des vitraux, des ornements religieux, des instruments de supplice effrayants : des chevalets, des coins, des pinces, des tenailles, des carcans qui rappellent d'horribles pratiques de torsionnaires; des arquebuses, des cuirasses, tout un arsenal de pertuisanes, d'épées, de lances, de mousquets, de coulevrines, de pierriers, de boulets; des tapisseries aux murs; à terre, des dalles surchargées de blasons ou d'inscriptions gothiques dont chacune parle d'un trait de l'histoire locale de Vitré, des gargouilles, des épis de faîtière, des bahuts admirables, un entassement enfin de trésors archéologiques à donner la fièvre quarte à un antiquaire. Et c'est, ma foi! une très heureuse idée qu'on a eue là de confier à cette séculaire gardienne de la ville, encore que bien amoindrie, le dépôt de ses anciennes richesses.

Pour gagner l'autre tour, où sont aussi d'autres musées, nous nous engageons sur le chemin de ronde pratiqué au couronnement du Châtelet. Le passage y est périlleux; par les trous des mâchicoulis qu'il faut enjamber, le vide au-dessous est effrayant, la paroi de la muraille glisse vertigineusement dans le fossé, qui paraît une simple tranchée. C'est de là que les assiégés du château envoyaient sur les assaillants les blocs de pierre, les moellons, les projectiles de toute nature emmagasinés dans les arsenaux supérieurs. Ils tombaient les uns à

pic, les autres, après avoir heurté le pied des
lices extérieures, rebondissaient avec une

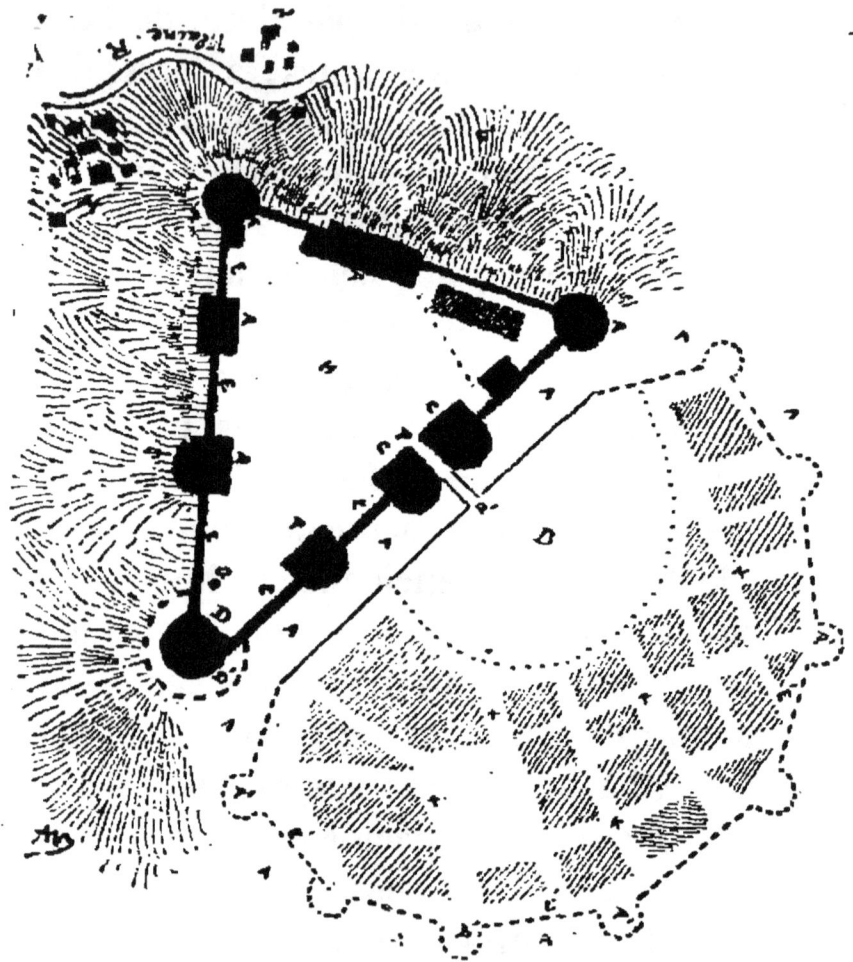

PLAN DU CHATEAU DE VITRÉ.

A, Fossés. — B, Baille ou avant-cour du château. — C, C, Tours du Châtelet. — D, Donjon. — D', Chemise du donjon. — E, Courtines, remparts du château. — E', Anciens remparts de Vitré aujourd'hui démolis. — F, Tours rondes ou carrées du château. — F', Tours des murs de ville. — G, Puits du château. — H, Cour intérieure du château. — K, Quartiers de Vitré.

violence accrue par la rapidité même de la chute, décimant et déconcertant les hommes occupés aux travaux d'approche. Au travers des étroites meurtrières qui nous envoient un maigre jour, les arbalétriers lançaient leurs carreaux, leurs traits, et l'ouvrage se défendait ainsi, par ses tirs plongeants combinés, tant que les bombardes de l'ennemi n'étaient pas arrivées à le rendre intenable par la destruction des hourdages. La hauteur même de ce Châtelet et son commandement élevé sur les courtines le protégeaient d'ailleurs efficacement contre les tirs à la volée des lourdes et peu fortes pièces de l'artillerie du XIVe et du XVe siècle, ce qui était d'autant plus nécessaire que la poterne donnant entrée dans la seconde enceinte de la place, et par laquelle nous sommes entrés tantôt, était à sa base. La première enceinte a disparu aujourd'hui ; il n'en reste plus guère que des vestiges sur lesquels chevauchent les toits et les maisons ; mais quelque chose subsiste encore de la disposition militaire du château, et la grande place ensoleillée sur laquelle nous plongeons était la première cour intérieure, ce que l'on appelait la *baille*.

Là, le seigneur avait disposé les écuries, les dépendances, les logis qui eussent encombré son dernier réduit; mais l'œuvre des

LE CHATELET VU DE LA COUR INTÉRIEURE.

démolisseurs a été complète, et lorsque, dans quelques années, les maigres arbres déjà plantés auront grandi et développé leurs frondaisons, les jolies filles de Vitré feront de ce nouveau mail leur promenade favorite du dimanche, là où se livrèrent de terribles combats.

Car l'ennemi n'avait pénétré dans la *baille* qu'après de longues semaines de siège, ses travaux stratégiques à peu près terminés, une fois les avancées prises, les cavaliers enlevés, les fossés comblés de fascines, les beffrois appliqués contre les courtines. Lorsqu'il arrivait au pied du Châtelet, il se trouvait en présence d'un second ouvrage fortifié, de remparts, de tours encore plus puissantes que les premières, d'un fossé nouveau, en sorte qu'il avait un dernier siège à entreprendre, toujours plus laborieux que l'autre. Il ne pouvait plus se développer à l'aise, n'ayant d'espace que celui de la *baille*, tandis que toutes les forces vives du château étaient concentrées en quelques points seulement, les plus vulnérables. Mais l'investissement était complet, et à partir de ce moment la famine devenait un des meilleurs adjuvants de l'assiégeant. Par contre, les longueurs de l'opération pouvaient donner le temps à un allié d'accourir et de délivrer le château, en forçant les troupes d'attaque à lever précipitamment le siège, ce qui arrivait souvent. Aussi toute hésitation devait-elle disparaître dès ce moment dans le camp ennemi : tout assaut malheureux, outre qu'il était infailliblement meurtrier, jetait la lassitude ou le découragement dans les rangs, tandis que tout succès, même partiel, exaltait davantage le courage et l'héroïsme des défenseurs. C'est pourquoi l'on n'essayait même pas de prendre de front des ouvrages de l'importance du Châtelet ; tous les efforts, toutes les ressources étaient concentrés dans l'attaque d'une partie vulnérable des courtines, à droite ou à gauche de ses flanquements. La brèche y était plus facile à pratiquer, et c'est une des raisons pour lesquelles le Châtelet, comme tant d'autres tours et donjons par ailleurs, nous est resté à peu près intact, toujours superbe, colosse de pierre invaincu ([1]).

([1]) Dans son beau livre intitulé : *L'Histoire d'une Forteresse*, l'architecte Viollet-le-Duc, le restaurateur du château de Pierrefonds et des murailles de Carcassonne, a étudié et exposé de façon remarquable le rôle défensif des châteaux au moyen âge, ainsi que la tactique et les moyens d'attaque dont on disposait pour les réduire, jusqu'à la transformation complète du système des fortifications opérée par Vauban. La lecture de cet ouvrage et du *Dictionnaire d'Architecture*, du même auteur, nous a beaucoup servi dans l'examen que nous avons fait des diverses parties du château de Vitré. On ne saurait indiquer de meilleur guide à quiconque s'intéresse à l'étude de l'architecture militaire du xie au xvie siècle. — A. N.

Mais la brèche que l'on voit encore au flanc du château, tout en démontrant le système stratégique en usage dans les sièges de l'époque féodale, nous révèle combien le dernier assaut fut fatal.

Dans les combles du Châtelet, ces salles où étaient accumulées en tout temps les provisions de projectiles, comme en un arsenal sont empilés de nos jours bombes et obus, vides maintenant, noires sous les charpentes dénudées, prennent aussitôt à nos yeux un intérêt rétrospectif; leur fonction se révèle à nous, et là où les grosses araignées recommencent en paix leur toile de Pénélope, on se figure bien, un jour d'assaut, le va-et-vient affairé des hommes d'armes, des arbalétriers qui vont rejoindre leur poste auprès d'une meurtrière, munis de carreaux et de sagettes, des servants disposant dans un bon ordre les blocs sur le rebord des mâchicoulis, dans les baies des créneaux, sous la direction vigilante du capitaine de la Tour...

Par une porte pratiquée entre deux merlons à l'extrémité du chemin de ronde, nous entrons dans une nouvelle salle convertie encore en musée. Il y a des tableaux ici, des anciens et des modernes à l'avenant, de riches tapisseries à peine protégées contre la lumière qui mange leurs fines nuances, et la vermine qui les attaque plus sûrement, avec, par endroits, de maladroites réparations qui sont autant de sacrilèges. Entre cent vieilles gravures intéressantes, j'en choisis une, point très compliquée d'ailleurs, dont j'essaie

GRAPIGNAN.

un fac-similé. Sur un fond de bibliothèque s'enlève la caricature d'un procureur qui ne devait précisément pas être tendre aux plaideurs et que ses contemporains n'épargnèrent du reste point, si j'en juge par le quatrain ci-dessous que j'ai fidèlement retranscrit avec les quelques lignes de prose qui l'accompagnent, sans doute parce que le vers fut encore trouvé insuffisant — ce qui m'induirait à flairer là-dessous une petite vengeance personnelle à l'artiste :

> *Tu vois de Grapignan un portrait sans égal :*
> *Des mauvais procureurs il est le vrai modèle ;*
> *Si sa mine à tes yeux paraît sans parallèle,*
> *Dans l'art de bien piller il fut l'original.*

Et au-dessous :

> *Mᵉ Roc Grapignan, successeur de la Ruine de la friponnerie, grippe sur tout et dans tous lieux, Procureur au Châtelet de Paris, né en 1666 et mort l'an trop tard 1741.*

Pas mal de bibelots délicats à signaler dans ce beau désordre où tous les genres et toutes les époques sont confondus ; mais Dieu me garde d'en essayer un catalogue ! Je ne puis toutefois passer sous silence quelques vitrines garnies de remarquables pièces de vieille faïence ; dans le nombre je distingue un grand plat, daté et signé de 1762, dont l'origine de fabrication m'échappe. Le sujet du milieu, très naïvement peint d'ailleurs, représente le martyre de saint Sébastien, lié à un poteau, lardé de flèches,

sa face est pitoyable et, sans doute pour
l'exalter dans sa souffrance, la Vierge portant l'Enfant Jésus s'avance vers lui costumée
en bonne paysanne bretonne. Une légende
complète le tout, et je m'attends à lire un
vers latin ou une sentence en vieux françois,
et voilà que je recueille la singulière mais
gauloise notice que voici, dans un mauvais
jargon : « *Bastien amleu Marie Simon
quans il est à la maison il anbrase
Marion et quand il ni est pas il senpas.* »
Je n'ai vu que l'étrangeté de la devise
rapprochée du motif religieux et suis peut-
être bien passé à côté d'un rébus. J'ai
toujours montré si peu de goût pour ce genre
d'exercice que nul autre peut-être n'y est
plus maladroit que moi, et je laisse, à qui
voudra, le soin de trouver la solution...

D'une lucarne, Vitré nous apparaît, mais
nous n'en saisissons que les fumées, les
toits, les colombiers, les hauts combles
ardoisés des vieux hôtels, les pignons pressés
les uns contre les autres et puis des horizons
de verdure sans fin, des vallonnements de
coteaux et, par-dessus les mille rumeurs qui
montent dans l'air, de grands vols d'hirondelles et de pigeons qui farandolent sans trêve.

Dans la cour où nous nous retrouvons, après une descente de degrés aussi fatigante que l'a été la montée, se dresse le donjon, la tour Saint-Laurent, relié au Châtelet par de fortes courtines ; il n'a plus d'ici cet aspect de masse écrasante que lui donne du pied même des remparts, ou encore vu du faubourg du Rachapt, une élévation de cent quarante pieds. Les proportions en sont néanmoins superbes, et la très complète restauration qu'a subie cette défense du château lui a tout rendu de son fier caractère d'autrefois. Les travaux qui s'y font encore et les échafaudages qui barrent la poterne d'accès ne nous permettent pas de la visiter intérieurement, à notre grand regret. Là, d'ailleurs, comme dans le château somptueux du XVIIe siècle, hier encore aménagé en prison, ce contre-temps nous épargne une désillusion, car où sont les belles salles dorées dont nous parle Mme de Sévigné dans une lettre que tout le monde a lue ? De ce grand bruit qui s'y mena durant la tenue des Etats d'octobre 1689, de la bonne chère que l'on y fit, des beaux discours qui s'échangèrent, des extravagances que l'on y applaudit, rien plus ne reste qu'un charmant souvenir, une gazette de cette aimable femme qui se croyait Bretonne pour tout de bon aux Rochers.

LE DONJON VU DE LA COUR INTÉRIEURE.

Le donjon avait d'ailleurs connu d'autres temps plus glorieux où certes on ne songeait point à hausser les portes pour faire passer les pyramides de fruits. A son âge héroïque, avant que fussent percées les grandes baies et les fenêtres aux meneaux de pierre qui, dès le XVIe siècle, aérèrent ses flancs en égayant sa façade, il était sombre et morose comme le farouche baron qu'il abritait. Dernier repaire au moment où la lutte était devenue suprême, il tenait bon au milieu des ruines, des écroulements et de l'incendie, jusqu'à ce que son dernier défenseur ait disparu dans les profondeurs ténébreuses du souterrain pratiqué dans son infrastructure. Il était le nid de l'aigle. Rude et peu commode la vie qui s'y menait ; bien restreintes les aises, bien longues les heures. Aussi, dans la pénombre du donjon, les châtelaines fleurissaient-elles blanches comme les lys et sveltes comme eux ; dans ce refuge guerrier, elles étaient la seule chose humaine et douce qui pénétrât et s'épanouît ; elles dévidaient et filaient dans le maigre rayon de jour qui tombait des vitrières plombées, pensives et sérieuses. Que de fois, au cours de ces voyages que l'on fait dans le rêve, à travers les temps et les espaces, ne les ai-je pas surprises, mollement abandonnées au fond du grand fauteuil de chêne, sous le dais armorié, ces cloîtrées d'antan! L'une

LE DONJON VU DE L'EXTÉRIEUR.

laissait le missel enluminé s'échapper de ses doigts effilés; l'autre, dans le mouvement machinal du rouet, pensait au troubadour de l'année d'avant dont le vers et la viole avaient charmé ses oreilles, quand sa jeune image ne s'était pas gravée au plus profond de son cœur, et celle-ci ne pouvait plus détacher sa pensée du chevalier qui prit ses couleurs en quittant le château et lui jura de combattre avec son souvenir toujours pour ange gardien. A côté de ces poétiques figures effacées dans de gris lointains, mystiques autant que belles, il y en a qui sont les pécheresses d'amour, les grandes passionnées dévorées d'une soif jamais assouvie de dévergondages et de cruautés. Pourquoi donc aucune de ces disparues ne nous a-t-elle laissé sa *chronique* que je vous aurais contée aujourd'hui?...

Une fatalité voulut que, par quatre fois en quatre siècles, les châtelaines de Vitré, femmes de barons guerroyeurs en lutte constante avec leurs voisins, l'Anglais, le duc de Bretagne lui-même et aussi le roi de France dont ils bravèrent maintes fois les armées, laissassent tomber la maison en quenouille. C'est ainsi que la baronnie passait de la famille de Vitré aux Laval, des Laval aux Montfort-Laval, puis et successivement aux Rieux, aux Coligny et, en dernier lieu, aux La Trémoille.

L'histoire de Vitré est intimement liée à celle de ses seigneurs, et nombreuses furent les vicissitudes des uns et des autres. Sentinelle avancée aux marches de Bretagne, la place forte reçut tous les chocs en ces temps troublés où la guerre était à l'état permanent. Chaque siècle cependant trouvait le château plus formidable, la ville plus florissante; les faubourgs s'ajoutaient aux faubourgs, les collégiales remplaçaient les chapelles; l'église Notre-Dame, dès le XIVe siècle, élançait bien haut dans les airs sa fine flèche gothique. Les barons, entre-temps, étaient de toutes les croisades; plus tard, ils déciment les bandes des Anglais, ils luttent avec les ducs de Bretagne pour l'indépendance de la province, jusqu'au jour où, le sort des combats les abandonnant, ils ouvrent, en 1488, les portes de Vitré au roi de France, après la bataille de Saint-Aubin-du-Cormier. Mais le XVIe siècle arrive avec ses troubles et ses discordes fratricides, le sang coule partout; on est catholique ou huguenot un peu comme souffle le vent. Un incident vient mettre le feu aux poudres : Renée de Rieux, plus connue sous le nom de Guyonne la Folle, a été divorcée d'avec son mari et excommuniée; de dépit, elle se fait protestante, et la religion réformée entre dans Vitré; les nobles, les bourgeois dépendants de la maison se font huguenots avec leur châtelaine; des temples s'élèvent, des prêches sont partout institués, un synode est même convoqué et réuni. Le château, assiégé par les forces de la Ligue, et la ville sont à deux doigts de leur perte; on est à la veille d'une reddition, et les représailles eussent été terribles sans l'arrivée de troupes de secours.

La chaire extérieure, devant laquelle nous nous arrêtons dans la cour, date de cette époque; la prédication s'y faisait. Elle est Renaissance; mais, bien que surchargée d'ornements, de frises, de moulures, de rinceaux, le travail et le style en sont d'une remarquable pureté. Sur la caisse, où sont trois fois répétées les armes des Laval, au centre d'un médaillon très fouillé, il y a une inscription : POST TENEBRAS SPERO LUCEM. Le dôme trilobé qui la protège, revêtu de menues écailles d'ardoise, est surmonté d'une élégante lanterne qui reproduit les détails de la chaire et ses trois arcades.

Le calvinisme avait poussé des racines profondes; on crut l'avoir extirpé en 1686, et l'on célébra un solennel *Te Deum*. Au

LA CHAIRE HUGUENOTE
DANS LA COUR DU CHATEAU.

XVIIe siècle, le château chôma, les mœurs s'étant adoucies; il devint demeure princière; son histoire est finie et notre visite aussi.

Six heures du matin, 4 septembre. — Je n'ai pas voulu quitter Vitré sans voir le Val et contourner le château dont les tours et les remparts dominent de ce côté, du haut de roches escarpées, un petit faubourg des plus pittoresques. C'était une heure délicieuse, et je l'ai notée. Le soleil, déjà haut, buvait les rosées qui partout faisaient la perle; dans la fraîcheur du matin, sous un ciel limpide, le paysage était reposé, comme lustré. Par une poterne pratiquée dans la muraille, à peu près à la hauteur de la place de la Mairie, j'étais sorti de la ville à peine éveillée, et, sans transition, je m'étais trouvé en pleine campagne. D'un côté, les pans lisses des courtines flanquées de tours; de l'autre, un précipice de verdure où le regard plongeait surpris, émerveillé; dans les bas fonds serpentait le mince et blanc filet d'une route aperçue seulement au travers de rares trouées. De tous côtés, des sifflements d'oiseaux auxquels se mêlaient des bruits de battoirs venus de la Vilaine, le heurt métallique et régulier d'un marteau sur une enclume dans quelque forge en travail; c'était un concert de rumeurs paysannes dans le calme de cette matinée de septembre. Dans l'ombre, le rempart avec ses accidents semblait on ne sait quel décor

LA TOUR D'EN-BAS.

prodigieux, immensément haut; à tous les interstices où les mousses et les fougères avaient pu s'accrocher, il y avait des touffes vertes, des plaques de velours; sur les crêtes,

elles faisaient des aigrettes déjà léchées par
le soleil. Bientôt la ville, passant par-dessus
la muraille, s'identifie avec elle; les pignons,
les lucarnes, les galeries chevauchent sur
elle; ce sont des encastrements audacieux,
bizarres, et ces pygmées suspendus, accolés
au flanc de ces puissantes maçonneries,
prennent les formes les plus invraisemblables, les plus imprévues et aussi les plus
romantiques. Mais, chemin faisant, j'ai
trouvé ce que je cherchais; des boulets en-
castrés dans la pierre, proche la première
tour, rappellent un des plus glorieux épisodes
de l'histoire du château. Dans les premiers
mois de l'année 1589, le duc de Mercœur, à
la tête des forces de la Ligue, était venu
poser le siège autour de Vitré. Les faubourgs
étaient tombés en sa possession; la place,
vivement canonnée, était déjà mise à mal;
les opérations cependant traînaient en lon-
gueur, grâce à l'héroïsme des défenseurs
commandés par le seigneur Du Bordage. Le
duc voulut frapper un grand coup; le château
lui paraît vulnérable du côté du Val; il
l'attaque vigoureusement : la sape et la mine
ébranlent une tour, la brèche est faite; mais
la Ligue n'entre pas encore. Une forte armée

de secours arrive sur ces entrefaites, et le duc lève le siège en toute hâte. C'est cette mémorable défense que les habitants de Vitré ont voulu perpétuer en plaçant sur la muraille du Val, entre les boulets de l'ennemi, sur la paroi de la courtine réparée,

AU BAS DES REMPARTS.

l'inscription suivante, aujourd'hui conservée dans le musée du Châtelet :

CESTE PLACE FVT ASSIEGEE LE XXII DE MARS. LA PRÉSENTE BRECHE FVT FAITE LE XXIII JVING; LE DIT SIEGE FVT LEVE LE XIV D'AOVST, PAR LA CRAINTE DE HENRI DE BOVRBON PRINCE DE DOMBE. LA DICTE BRECHE REFAITE LE ...BRE 1589. HENRY ROY DE FRANCE ET DE NAVARRE.

Comme les boulets du duc avaient également endommagé la cloche de Notre-Dame, une autre inscription commémorative fut placée sur cette dernière, que l'on voit encore; entre chaque mot sont figurés une hermine et un lys :

AV. — MOYS. — DE. — IVIN. — 1589. — LES. — LIGVEVRS. — ENNEMYS. — DV. — ROY. — AYANS. — ASSIEGÉ. — CESTE. — VILLE. — DE. — VITRÉ. — ONT. — ESTENDV. — LEVR. FVRYE. — IVSQVE. — SVR. — MOY. — ET. — M'ONT. — MINZE. — EN. — PIÈCES. — D'VN. — COVP. — DE. — CANON. — AV. — MOYS. DE. — IVIN. — 1596. — I'AI. — ÉTÉ. — REFAITE. — A. — LA. — DILIGENCE. — ET. — FRAYS. — DE. — LA. — COMMVNAVLTE. — DES. — HABITANS. — D'ICELLE.

ANO   DNI

1593.

Maintenant, à mes pieds, la Vilaine, ainsi qu'un ruban d'argent, serpente entre les lavoirs animés, les usines, les mégisseries et le double cordon de peupliers grêles qui déjà jaunissent, mordus par les premières brumes d'automne.

Oh! la charmante impression que j'eus ce matin-là !

Par une rapide descente, je retombe dans les faubourgs du Rachapt et d'En-Bas ; on travaille partout, c'est le quartier industriel. Une délicieuse et svelte tour de guette le domine ; j'en fais le sujet d'un croquis qui sera le dernier souvenir emporté, car, dans une heure, nous serons loin de Vitré.

ARMES DES ROSTRENEN
(Église du Folgoat).

CLOCHER DE BRÉLEVENEZ.

LES ROCHERS

Mme de Sévigné, Bretonne bretonnante, propriétaire faisant bâtir et planter, et soutenant des procès au besoin, fanant aux champs comme la première venue de ses fermières, allant, entre *chien et loup*, rêver à la lune au fond d'un mail plein d'ombre, sentimentale et paysanne, et, par-dessus le marché, gazetière de sa province, voilà le côté sous lequel je la voyais le moins bien jusqu'ici, et celui qui, désormais, va le plus m'attacher et me séduire en elle depuis que j'ai visité, à quelques lieues de Vitré, sa retraite de prédilection. Elle fut, en effet, tout cela dans sa terre et son château des « Rochers ».

Que de nous en sont restés aux « morceaux choisis » de Mme de Sévigné, comme à la demi-douzaine de fables de La Fontaine qu'il est de convention que l'on doit posséder, pour avoir eu de trop bonne heure en mains des livres qui ne parurent alors que fastidieux! Aussi n'en faut-il pas vouloir aux jeunes gens si, tout frais émoulus de l'école, ils ne relisent pas cet auteur entre tous charmant. Mme de Sévigné, le fabuliste Fénelon, Saint-Evremond, La Rochefoucauld et quelques autres encore ne se goûtent généralement que sur le tard, ou tout au moins lorsque, livrée la première bataille, celui qui fut un moderne à tous crins est un peu revenu des excès où se jette une littérature dite fin de siècle. Cette langue un peu froide du XVIIe siècle, mais pure, et que maniaient seuls les écrivains à manchettes, Mme de Sévigné l'a colorée sans artifices; elle l'a animée, elle l'a réchauffée en mettant au bout de sa plume beaucoup de son cœur de femme, sans jamais descendre à la précieuse ou au bas-bleu en un siècle qui en eut le monopole. Par-dessus tout elle sut sentir vivement au milieu de gens qui ne sentaient que leurs infortunes ou leurs disgrâces; elle avait aussi une âme contemplative, ce dont on ne se douterait point si ses lettres des Rochers ne nous étaient parvenues dans toute leur fraîcheur. Elle aima la nature alors que Lenôtre la corrigeait et la rendait géométrique, et elle eut le courage de l'avouer, s'excusant, pour la forme, du ridicule. Avec La

LE CHATEAU DES ROCHERS ([1]).

Fontaine elle fut seule à trouver aux champs l'inspiration. Mais comme elle avait un bon et solide fond de gaieté gauloise et qu'elle aimait à s'épanouir dans le franc rire, le paysage ne la rendait pas souvent mélanco-

---

([1]) Le château des Rochers est à quelques lieues de Vitré, près d'Argentré.

lique. Tout au plus s'apercevait-elle qu'il lui fallait quelquefois tuer le temps, et elle le tuait bravement. A ce jeu, d'ailleurs, elle connaissait mille façons. Les devises étant à la mode, et plus particulièrement les italiennes, elle en cherche, elle en propose. Un corps de devise lui plaît beaucoup, elle en fait part à sa fille. Imaginez-vous une fusée poussée fort haut, avec ces mots : « *Che peri pur che m'innalzi* » (qu'elle périsse plutôt qu'elle s'élève); ou encore : « Ma hardiesse vient de mon amour » (*da l'ardore l'ardire*). Et j'imagine qu'involontairement elle pensait encore à son pauvre ami Fouquet, dont la devise : « *Quo non ascendam?* » avait précipité la ruine.

La pluie tombe-t-elle au point que les arbres pleuvent à leur tour dans le parc et que les ardoises tombent dans le jardin, par une de ces journées d'octobre grises et froides à ne pas mettre un chien dehors, vous allez croire que le spleen a réussi à s'emparer d'elle pour tout à fait cette fois. Allons donc! la pluie est chose dont elle trouve occasion de se plaindre en vers, et comme, le lendemain, il fait un temps charmant, c'est en prose qu'elle s'en loue.

Elle met à embellir ses Rochers un amour-propre de propriétaire; elle apporte sa coquetterie de femme dans l'aménagement des charmilles, et chaque année voit une transformation nouvelle; elle a mis tout son orgueil dans le mail qu'elle a planté; il n'est pas d'allée qu'elle n'ait baptisée d'un nom qui lui rappelle un souvenir agréable. Elle n'en sort plus tant elle se sent pour lui de cette seconde affection que certaines choses inspirent parfois; elle le parcourt sans cesse, avec un plaisir toujours nouveau, jusqu'à s'arracher à la lettre commencée, au livre ouvert, aux études entreprises. Elle ne fait plus rien — dit-elle — et chaque arbre lui susurre quelque chose : *Bella cosa far niente,* dit l'un; *amor odit inertes,* répond l'autre. Elle ne sait plus auquel entendre.

Tout n'est point rose cependant, et du propriétaire elle connait aussi les infortunes. La récolte ne donne pas toujours; les tenanciers sont ruinés, la province accablée d'impôts, rançonnée par les hommes d'armes, et ce cri lui échappe : « Elle voudrait que son fils vienne pour voir un peu par lui-même ce que c'est que l'illusion de croire avoir du bien quand on n'a que des terres. » C'est encore un vieil entêté de président, son voisin, qui lui intente un procès dont on ne peut prévoir la fin.

Qui croirait que cette salonnière, fêtée à Paris et partout réclamée, n'éprouve qu'un goût médiocre pour les visites aux Rochers, et qu'elles ne la viennent pas toujours surprendre agréablement? Son parc et l'humeur du moment lui donnent les plus étranges inspirations, mais son parc tous les secours. Quand elle sent venir d'un côté, elle s'éloigne de l'autre. C'est un tour qu'elle avise de faire un jour à une sénéchale de Vitré, et gronde ensuite que ses gens ne l'aient pas avertie; mais quand elle fait part à Mme de Grignan de cette folle équipée, elle reconnaît sans ambages que ce sont là friponneries que son parc l'invite à commettre, et lui rappelle qu'elles évitèrent ainsi les Fouesnel une fois.

Elle est sensible aux mélancolies automnales, mais sans pour cela tourner au morose; elle trouve ses bois d'une beauté et d'une tristesse extraordinaires. En 1675, il y avait six ans qu'elle n'était venue aux Rochers; tous ses chers arbres sont devenus grands et beaux; ils ont quarante et cinquante pieds de hauteur, et dans ce détail il y a un petit air d'amour maternel qui se comprend à merveille : elle les a tous plantés et les a vus pas plus grands que cela, comme était accoutumée de dire de ses enfants Mme de Montbazon. Cette solitude lui paraît à souhait pour y bien rêver, et si les pensées n'y sont pas tout à fait noires, elles y sont tout au moins gris brun. Mais comme elle se sent jeune à tel point qu'elle se demande bientôt d'où lui peut revenir cette fontaine de Jouvence, je vous laisse à penser si ces tristesses étaient de courte durée!

Elle avait d'ailleurs pour les vite dissiper un remède qu'elle tenait de sa fille : de l'eau de reine de Hongrie. Elle en avait constamment dans sa poche; c'était une folie comme du tabac, et le soir elle en mettait, à s'enivrer, plus pour se réjouir que contre le serein dont ses bois la garantissaient, et ainsi qu'elle lui écrivait, sa fille était encore trop bonne de croire que les loups, les cochons et les châtaignes ne lui fassent une insulte.

Ce bon rire qu'elle savait avoir ne vous revient-il pas aussi? Elle a, aux Rochers, des voisins ennuyeux, ridicules, maniérés; d'un trait, leur silhouette est tracée en fine caricature. Mais tous les jours, et plusieurs fois dans le jour, c'est sur une de ses femmes de charge que sa malice s'exerce, sans jamais s'épuiser, tant la personne lui est exécrable. Cette pauvre Du Plessis l'exaspérait d'autant plus que rien ne la froissait, ne la décourageait, mais que, surtout et en toute circonstance, elle se montrait aussi fausse et hypocrite. Mme de Sévigné s'était servie, pendant un voyage sur la Loire, d'une lunette qui rapprochait bien de trois lieues. C'est de l'autre bout, qui éloigne dans les mêmes proportions, qu'elle imagine, une fois, de regarder vers Mlle Du Plessis, qu'elle trouve tout à coup à deux heures d'elle. Ingénieuse ressource quand on est oppressé de mauvaise compagnie et qu'elle recommande à sa fille dans un de ses courriers, surtout si elle a son importun de Corbinelli à ses trousses.

Les plaisirs champêtres alternent avec les plaisirs mondains ; la compagnie de ses gens avec celle des beaux messieurs et des belles dames qui, durant la tenue des Etats, viennent à tous moments l'envahir. Toute la noblesse de Bretagne, à la suite des Parisiens qui forment la cour du gouverneur de Chaulnes, se fait un devoir de venir aux

Rochers présenter à Mme de Sévigné des hommages aussi empressés qu'importuns souvent. On la souhaite de tous côtés, et quand elle résiste trop, le duc l'envoie prendre par son équipage. Il la faut pour rehausser

LA CHAPELLE DU CHATEAU DES ROCHERS.

par son esprit et sa grâce l'éclat des réunions qu'il donne. Mais elle a grande hâte de regagner sa solitude, où l'attend le *bien bon*, l'abbé : son administrateur, son homme d'affaires, son architecte, car c'est lui qui surveille et dirige la construction de la chapelle. Ah! le temps n'avait pas besoin que la châtelaine des Rochers lui donnât un coup d'épaule; il passait bien assez vite.

Quel édifiant exemple donné à nos femmes du monde par cette femme du XVIIe siècle qui savait de si bonne façon soigner à la fois son corps, son esprit et son âme, serviable à ses amis, compatissante aux infortunes, dévouée jusqu'à être courageuse, aimante pour les siens, et pour sa fille une mère passionnée!

Voulez-vous le programme d'une de ces journées si bien remplies? Le voici : « Nous faisons une vie si réglée, qu'il n'est guère possible de se mal porter. On se lève à huit heures, très souvent je vais jusqu'à neuf heures que la messe sonne, prendre la fraîcheur de ces bois; après la messe, on se dit bonjour, on retourne cueillir des fleurs d'orange; on dîne, on lit ou l'on travaille jusqu'à cinq heures. Depuis que nous n'avons plus mon fils, je lis pour épargner la petite poitrine de sa femme; je la quitte à cinq heures, je m'en vais dans ces aimables allées, j'ai un laquais qui me suit, j'ai des livres, je change de place et je varie le tour de mes promenades; un livre de dévotion et un livre d'histoire, on va de l'un à l'autre, cela fait du divertissement; un peu rêver à Dieu, à sa providence, posséder son âme, songer à l'avenir; enfin, sur les huit heures, j'entends une cloche, c'est le souper; je suis quelquefois un peu loin, je retrouve la marquise dans son beau parterre, nous, nous sommes une compagnie; on soupe pendant l'entre-chien et loup, je retourne avec elle à la place de *Coulanges,* au milieu de ces orangers; je regarde d'un œil d'envie la *sainte horreur* au travers de la belle porte de fer que vous ne connaissez point. » — Mais de sa solitude son cœur va toujours à sa fille, en Provence : « Paris, pour moi, est en Bretagne, » lui écrit Mme de Grignan; « Paris, pour moi, est en Provence, » riposte Mme de Sévigné, et sa tendresse lui dicte, entre mille, ce délicat petit morceau de style frappé au meilleur coin de la sensibilité : « Vous ai-je dit que je faisais planter la plus jolie place du monde? je me plante moi-même au milieu de la place où personne ne me tient compagnie, parce qu'on meurt de froid. La Mousse fait vingt pas pour s'échauffer; l'abbé va et vient pour nos affaires, et moi je suis là, fichée avec ma casaque, à penser à la Provence, car cette pensée ne me quitte jamais. » Elle la quitte si peu, que tout l'y ramène, et les choses elles-mêmes y semblent apporter une complicité; les soirs de juillet sont si parfumés de jasmins et de fleurs d'oranger que par cet endroit elle croit encore être en Provence.

Les livres qu'elle aime, et dans la lecture desquels elle s'absorbe, si arides qu'ils soient, sa correspondance ne lui prennent pas assez de son temps qu'elle ne puisse encore s'occuper des menus détails de son domaine; aucun ne lui échappe, et tantôt elle a affaire avec un fermier qui lui rendra un « beau compte sans argent », tantôt elle écoute les discours de Pilois, son jardinier, un philosophe sans le savoir. Elle fane aussi. Savez-vous ce que c'est que faner? — « Il faut que je vous l'explique : faner est la plus jolie chose du monde; c'est retourner du foin en batifolant dans une prairie; dès qu'on en sait tant, on sait faner. »

La perspective de passer un hiver aux Rochers n'effraie pas l'aimable femme, et il fait bon voir comme elle répond aux inquiétudes que cet exil volontaire cause à ses amies. « Ce mot *d'être l'hiver aux Rochers* effraie; hélas! ma fille, c'est la plus douce chose du monde, je ris quelquefois et je dis : c'est donc là ce qu'on appelle passer l'hiver dans les bois. M*me* de Coulanges me disait l'autre jour : Quittez vos *humides* Rochers. Je lui répondis : *Humide* vous-même; c'est Brévaux qui est humide, mais nous sommes sur une hauteur; c'est comme si vous disiez : votre humide Montmartre. Ces bois sont présentement tout pénétrés du soleil, quand il en fait; un terrain sec et une place *Madame* où le midi est à plomb; et un bout d'une grande allée où le couchant fait des merveilles; et quand il pleut, une bonne chambre avec un grand feu, souvent deux tables de jeu; comme présentement il y a bien du monde qui ne m'incommode point, je fais mes volontés, et quand il n'y a personne, nous sommes encore mieux; car nous lisons avec un plaisir que nous préférons à tout. » Ceci se passe en 1689, et le journal continue : « ... 28 décembre. — Nous avons eu ici les plus beaux jours du monde jusqu'à la veille de Noël; j'étais au bout de la grande allée, admirant la beauté du soleil, quand tout d'un coup je vis sortir du couchant un nuage noir et poétique, où le soleil s'alla plonger, et en même temps un brouillard affreux, et moi de m'enfuir. Je ne suis point sortie de ma chambre ou de la chapelle jusqu'à aujourd'hui que la colombe a apporté le rameau ; la terre a repris sa couleur, et le soleil, ressortant de son trou, fera que je reprendrai aussi le cours de mes promenades ; car vous pouvez compter, ma très chère, puisque vous aimez ma santé, que quand le temps est vilain, je suis au coin de mon feu, lisant et cousant, avec mon fils et sa femme. » Mais les frimas arrivent ; portes et fenêtres sont closes de bonne heure aux Rochers. A sept heures, la châtelaine est au lit comme une carmélite, et cette vie dure lui plaît ; elle ressemble au pays. Ses gens ont d'ailleurs d'elle des soins ridicules ; ils la viennent trouver, le soir, armés de toutes pièces, et c'est contre un écureuil qu'ils veulent tirer l'épée.

C'est tout cela que nous rappelaient les Rochers au cours de la visite que nous y avons faite, pendant notre séjour à Vitré.

Partout ces souvenirs nous poursuivaient tant les choses avaient conservé cette physionomie que nous leur connaissions ; toujours aussi beau le *mail* que planta Mme de Sévigné ; toujours aussi profondes et touffues les allées dont les noms nous revenaient ; toujours aussi ensoleillées la place *Madame* et la place *Coulanges;* à nous aussi les vénérables arbres susurraient : *amor odit inertes — bella cosa far niente;* toujours le même, ce château où vécut l'aimable femme et d'où partirent tant de courriers vers la Provence : un important corps de bâtisse, un peu lourd, avec tourelles, hauts combles d'ardoises, grandes fenêtres et lucarnes, mais triste comme l'est généralement le style Louis XIII, avec, sur le côté, la chapelle surmontée d'un lanternon.

Et tout cela nous a semblé si présent, l'illusion si forte et l'évocation de toute une époque à jamais disparue si puissante, que nous nous demandions s'il était bien vrai que Mme de Sévigné ne fût pas encore là, à moins qu'elle nous jouât encore quelqu'un de ses tours familiers ; et je cherchais si, par hasard, je ne distinguerais pas au détour d'une allée la rapide disparition d'une jupe majestueuse qui eût été la sienne.

MENHIR DE LA POINTE SAINT-MATHIEU.

FOUGÈRES

Nous avons entre deux trains quelques heures pour parcourir Fougères, et nous les utilisons de notre mieux, le vrai Fougères moyen âge étant si éloigné de la gare que nous devons renoncer à le voir ; on nous assure cependant qu'il y a encore à glaner dans les vieux quartiers de la haute ville, et nous montons la première rue qui s'offre à nous. Nous sommes, à n'en pas douter, en plein centre ouvrier, et comme midi sonne à toutes les horloges, par les grands portails des usines se déverse comme un flot sur la chaussée un tumultueux et compact essaim d'hommes et de femmes ; la cordonnerie est ici une industrie locale qui occupe quelques milliers de bras. Mais la modernité nous touche peu dans cette pérégrination à travers la Bretagne, et si, dans d'autres temps, nous savons nous en accommoder avec tout ce qu'elle peut offrir de sommaire ou de capiteux, de banal ou de précieux, de vulgaire ou d'exquis, elle nous paraît être arrivée

PORTE SAINT-SULPICE.

dans ce milieu en barbare et en intruse, quand elle n'a pas été vandale, iconoclaste et sacrilège. Et d'ailleurs, combien nues et pauvres d'architecture ces grandes maisons, sans style, blanches et grises, avec leurs rangées uniformes de fenêtres et leurs balconnets de fer à côté de ces saillies, de ces porches ombreux, de ces surplombs, de ces lucarnes, de ces pignons qui déjà se hérissent aux abords du beffroi et de l'église Saint-Léonard! Mais comment s'y attarder?

Il faut passer vite et, talonnés par ce désir de tout voir qui souvent amène à ne rien voir du tout, nous poussons toujours plus

ÉGLISE SAINT-LÉONARD ET RUE DE FOUGÈRES.

avant notre pointe rapide. Elles sont toutes pareilles à celles de Vitré, ces ruelles pittoresques, ces maisons à pans de bois portés en encorbellement comme déjà nous en avons tant vu! Par les mêmes côtés et par bien d'autres encore elles nous charment davantage. Déjà au-devant de nous, émergeant d'un pâté de constructions, s'élance dans le ciel la tour de ville où sonnait le tocsin d'alarme, gracieux beffroi dont les huit faces commandent à tous les points de l'horizon ; au sommet, dans une lanterne ajourée délicatement édifiée sur le tronc de cône d'un clocheton, le bourdon est au repos. Tout autour des corneilles volent lourdement, puis se posent sur une balustrade gothique dont les détails de pierre enjolivent la première plate-forme.

Un peu plus loin, une autre tour, carrée celle-ci, massive : le clocher de Saint-Léonard.

Nous y voilà rendus ; à l'intérieur, quelques tableaux de Bida, des verrières ; à l'extérieur, une série d'extraordinaires gargouilles, et de la terrasse du jardin public, proche de l'église, le plus admirable paysage de ville et de campagne qui se puisse imaginer. Que de fraîcheur et de mystère sous ces bouquets d'arbres accrus au pied même du rempart, où l'on devine, bien abrités dans les dessous touffus, les nids des oiseaux et ceux des hommes aux chants, aux murmures qui montent dans l'air et se mêlent avec les fumées blanches et bleues.

En face, une ceinture de coteaux, les

VUE GÉNÉRALE DE FOUGÈRES.

uns boisés, les autres éventrés avec des trous de carrières béants, noirs; d'autres cendrés dans les lointains, et, à nos pieds, au centre de ce décor, dominant la plaine sur son roc, le château ruiné aux trois quarts mais tenace encore, frère jumeau de celui de Vitré, comme lui posté aux avant-gardes, sur les marches de Bretagne, comme lui héroïque et portant partout sur ses murailles les plaies et les éventrements que cent assauts vaillamment soutenus ou repoussés y ont laissés. Son donjon est à terre, — le terrible Clisson, le farouche teneur de places fortes, l'avait élevé, — ses murs sont démantelés, les tours découronnées, le château lui-même rasé par le roi de France ; et ce qui en reste est encore étonnant de hardiesse, imposant de puissance, merveilleux de pittoresque. La ruine guerrière s'est faite aimable, bonne enfant, envahie de frondaisons et de verdures ; les vents ont partout charrié sur leur aile germes et semences, et les pariétaires qui pullulent ont trouvé là un domaine et levé la dîme sur chaque pierre ; un superbe verger fleurit et fructifie aux soleils du printemps, à ceux de l'été, cerné par les pans de murs. Mais les remparts se continuent au delà ; ils montent et descendent suivant le caprice du rocher qui leur sert de base, et la ville, avec le temps, est venue s'asseoir sur eux, s'identifier avec eux ; ici, les toits d'ardoises dégringolent vers des bas-fonds où l'on devine des venelles étroites et tortueuses, et là ils montent à pic, se poussent les uns les autres à l'escalade ; c'est encore la pierre qui monte sur la pierre : son assaut après celui des hommes. Et partout où il y a un arrêt, une solution de continuité dans

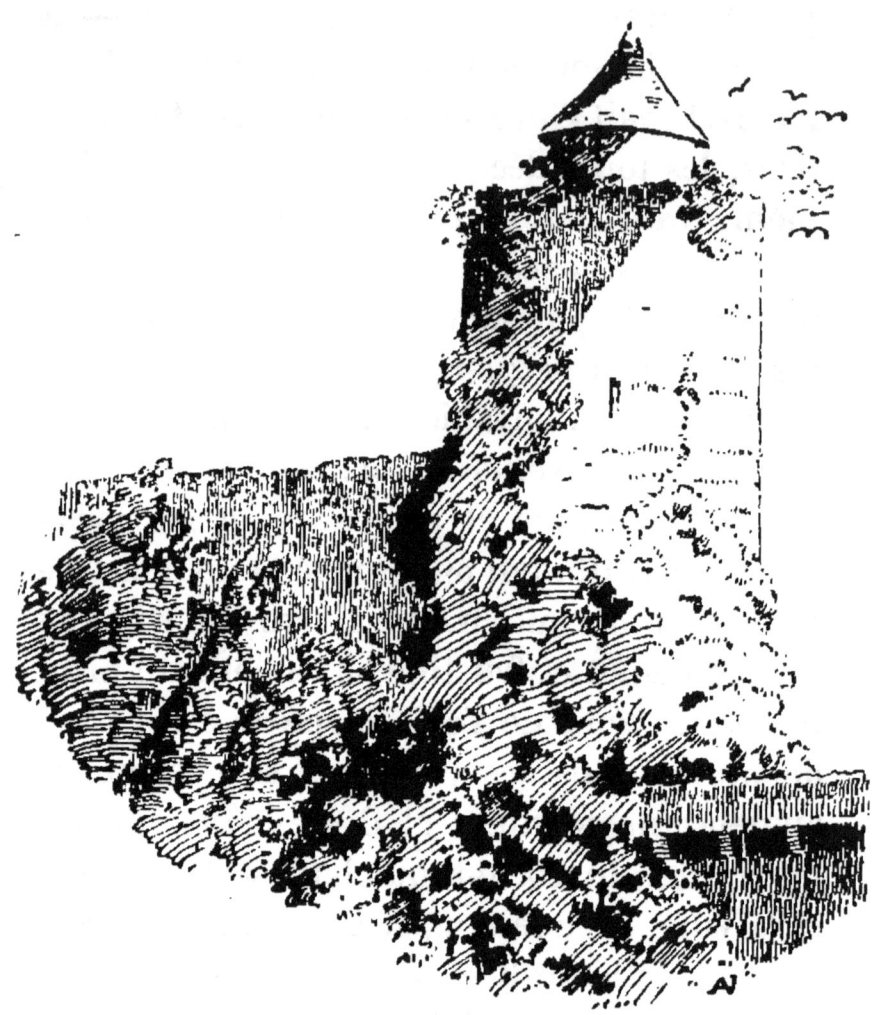

TOUR SURIENNE.

cet enchevêtrement quasi fantastique, à la faveur duquel réapparaissent les courtines, où la végétation pique aussi sa note gaie, elle s'éparpille vagabonde et folle, elle dore la ruine, elle en arrondit les contours, elle lui fait des pendentifs, elle cascade, elle tapisse, elle harmonise dans son extravagante fantaisie, elle aide aussi, hélas! à l'effritement de la pierre qu'elle écarte et disjoint, elle détruit, complice des hommes et du temps.

De ce fouillis de maisons se dégage une flèche infiniment fière et pointue dont l'inclinaison surprend : c'est Saint-Sulpice. Et un complaisant nous énumère les rues, les quartiers, les faubourgs, les tours du château, entre autres : la Mélusine, la Gobeline, la Surienne, la porte Saint-Sulpice entre deux énormes tourasses lierreuses.

Partout dans les bas-fonds de l'eau qui court et serpente en des méandres pleins d'accidents, de charme et de rusticité, sous les aubiers, les peupliers, les aulnes qui font bouquet. Il nous en arrive des bruits de cascatelles, de moulins dont les meules tournent, de blanchisseuses dont les battoirs frappent à coups redoublés.

Mais voilà que nous n'avons plus une minute à donner à tout cela; il faut s'arracher. En toute hâte, comme nous sommes venus, il nous faut redescendre vers la gare, et c'est cette très courte mais très vive impression que j'ai notée le soir sur mon carnet de voyage.

Dans quelques heures nous serons à voir le coucher du soleil sur la tour de l'Ouest au mont Saint-Michel.

ARMES DE SAINT-POL-DE-LÉON.

CLOCHER DE ROSKOFF.

UNE POINTE EN NORMANDIE

AU MONT SAINT-MICHEL
JERSEY

1

AU MONT SAINT-MICHEL

Mme Poulard aîné est assaillie, et nous sommes au nombre des assaillants; bagages, colis, valises, tout a été abandonné sur la digue, pêle-mêle, à la merci des cochers et des garçons d'hôtel; chacun a pris sa course, et c'est à qui est arrivé bon premier. « Mme Poulard! une chambre!... Mme Poulard! deux chambres! » A qui entendre?

Nous nous étonnons nous-mêmes du hourvari où chacun de nous fait pourtant sa partie, non sans vigoureusement bousculer; et Mme Poulard sourit à chacun avec un calme que rien ne déconcerte. Il nous semble déjà que nous la connaissons de vieille date, cette Mme Poulard qui accueille sur la porte de son hôtel; et, de fait, sa réputation de femme avenante et gracieuse est si universelle que, bien qu'elle fasse tout pour la bien mériter encore, nous sommes presque tentés de la trouver usurpée, puisqu'elle ne peut nous loger. Faut-il lui savoir gré de sa franchise? — Nous sommes gens trop bien, auxquels elle ne peut décemment offrir ce qui lui reste de chambres disponibles. — Et nous qui nous étions si fort promis d'occuper une petite chambre au quatrième, dans l'annexe blanche accrochée sur le flanc du mont, au-dessus de nos têtes, au pied même de la basilique, ayant vue sur la grève sans fin et permettant de surprendre le soleil au lever. Allons, voilà qui commence bien! Mais où courir à présent que le flot des arrivants, las de parlementer, s'est avisément porté un peu plus loin, chez le frère ennemi, — un Poulard concurrent, —

à la *Renommée de l'omelette soufflée!*
Il faut encore se dérater; heureusement
qu'il n'y a pas loin. Il est écrit que nous
n'aurons pas tous les malheurs, et si l'annexe
de Poulard aîné nous arrache encore, surtout
aux dames, un petit soupir de regret, nous
ne sommes pas toutefois séparés, nous avons
nos deux chambres côte à côte, on plonge
sur la grève au-dessus du rempart, on verra
le soleil levant! Allah soit trois fois béni!

Nous nous retrouvons bien vite dans la
rue, une venelle étroite, noire sous les
encorbellements des vieilles masures, et
montante s'il en fut. Même animation qu'à
l'arrivée; des familles d'Anglais, qui ont
pris la place depuis plusieurs jours, montrent
bien qu'elles y ont déjà leurs habitudes, et
leur sans-gêne se manifeste dans leur
accoutrement comme dans la liberté de
leurs allées et venues; les derniers venus
s'efforcent d'accrocher partout en même
temps leur attention pour profiter du peu
de jour qui nous sépare de la nuit. Quand
on débarque au Saint-Michel à ces moments
d'affluence, la première impression est
étrange; il semble que l'on tombe en plein

concours de mangerie : partout des victuailles qui circulent, des garde-manger suspendus aux volets des maisons, au rempart lui-même; des chais où l'on met en perce les barriques, des hôtels dont les tables d'hôte apparaissent par les fenêtres ouvertes, des cheminées où l'on rôtit, où de grands feux flambent et où rissolent d'invraisemblables quartiers de je ne sais quoi, des odeurs de cuisine qui vaguent partout, des mitrons, des garçons, des femmes en tablier qui circulent, tout cela saisi au passage. Derrière les gens attablés, d'autres debout qui guettent la place; un cliquetis d'assiettes, de fourchettes. Et comme un service n'attend pas l'autre, il semble que l'on assiste à l'une des formidables lippées du bon vieux temps, dont la seule conception faisait tant s'esbaudir le joyeux Rabelais. En réalité, il y a un peu de cela, et le décor lui-même y prête : de vieilles maisons du xve siècle, de grandes portes sombres où l'on passe dans le noir, des barbacanes, des échauguettes, jusqu'à de vieux canons de bois cerclés de fer, ces michelettes fameuses abandonnées par l'ennemi un jour d'assaut.

Vient-on ici pour manger ou pour voir le

mont Saint-Michel? — Mais, comme notre estomac réclame, et de façon impérieuse, il

PORTE DU ROI.

paraît que c'est pour se bien restaurer d'abord et pour voir ensuite.

La grosse nuit est venue, et comme il est bien convenu qu'au mont Saint-Michel on fera comme au mont Saint-Michel où il y a des traditions que les touristes suivent encore, on ne regagnera pas sa chambre sans avoir fait un tour de rempart aux « lanternes », — j'allais dire aux flambeaux, — histoire de lier un peu plus avant connaissance avec notre hôte. Nos lanternes vénitiennes se balancent au gré de notre allure et des accidents de terrain projetant sur les murailles de grandes ombres burlesques. D'escalier en escalier on arrive au rempart, et lui-même monte et s'élève d'escaliers en escaliers. Les uns commencent la tournée, d'autres la terminent; les lanternes se croisent, il y en a partout dans le noir, qui serpentent au-devant comme derrière nous, en haut, en bas, et c'est ma foi d'un fort joli effet. Nous-mêmes nous sommes à la queue leu leu, rendus plus prudents de temps à autre par un petit cri d'effroi qui glace les dames aux côtés de nous. Des couples silencieux sont accoudés au parapet du rempart, on s'aperçoit qu'on les a dérangés dans leur duo quand on est tombé sur eux; ils sont jeunes la plupart, ne peuvent que se dire de douces choses dans le mystère de cette calme soirée, et ce n'est jamais sans un certain émoi que je les ai trouvés sur ma route, ces amoureux qui, deux à deux, entrent dans la vie se donnant la main et cherchant à lire dans leurs yeux tout le bonheur qu'ils se promettent dans l'avenir, que le hasard me jette sur leurs pas au mont Saint-Michel ou dans quelque gorge de montagne. Ils se reconnaissent si vite, ceux-là, et ils sont toujours si naïfs et si gentils! Ce sont ceux dont on dit : « Voilà deux tourtereaux! »

Et puis cette petite bise qui vient du large avec la marée qui arrive et dont on entend le glissement sur la falaise! Qu'il fait donc bon s'arrêter à une encoignure du rempart, tout près d'une échauguette. C'est là qu'autrefois, à l'époque héroïque du mont, veillait la sentinelle attentive au moindre bruit; c'est de ce côté que le tenace Montgommery tentait tous ses assauts qu'il dirigeait de Tombelaine; c'est un peu plus loin que, traîtreusement, il essaya d'introduire les siens dans la place. Le colossal chef-d'œuvre de pierre se dresse et s'enlève en face de nous en une masse imposante et fière, dont les découpures font de bizarres silhouettes sur le ciel pointillé de clous d'or. C'est un de ces effets de noir sur noir que l'on trouve

parfois, mais avec trop de crudité, dans les gravures japonaises coloriées. Il se fait tard, les lanternes deviennent de plus en plus rares, les dernières bandes de promeneurs mènent grand bruit dans la rue par où elles redescendent. Nous restons encore une minute, nous serons les derniers; les fenêtres éclairées et grandes ouvertes des hôtels, des annexes, des maisons où l'on a logé, piquent dans le sombre de grands carrés de lumière; dans un instant tout cela sera éteint, la vie bruyante qui tout le jour a été menée sur le mont sera plongée dans l'assoupissement. C'est maintenant que les grandes orfraies, désertant leurs trous dans les ruines inaccessibles, vont battre silencieusement de l'aile autour des gargouilles surplombant l'abîme. Grand saint Michel, veillez sur notre sommeil!

Cinq heures du matin... On a juré qu'on le verrait, et on le verra le bel adolescent Phébus rayonnant de gloire au sortir des bras de Morphée. Et comme l'aurore aux doigts de rose ouvre les portes de l'Orient, nous sommes exacts, accoudés sur l'appui de la fenêtre, pour accueillir d'enthousiasme le grand embrasement matinal que nous nous sommes promis de surprendre.

Mais six heures sont bientôt là, Mathieu de la Drôme nous a dit la minute précise du lever; encore un peu et nous n'aurons pas eu l'*effet!* Non, nous ne l'aurons pas.

Le ciel est lourd, gris, terne, nuageux; toute la ligne de l'horizon en est embrouillée; nous guettons aux déchirures qui permettent d'apercevoir un coin d'azur limpide ; à peine rosinent-elles que le vent qui mouvemente cette masse nuageuse qui fait rideau les a bien vite comblées. C'est fini, d'ailleurs, plus d'espoir. Par là, derrière, le soleil est bien levé, le crépuscule n'est plus. Allons ! ce sera pour une autre fois. Mais quand donc, mes amis, reviendrons-nous au Saint-Michel guetter le soleil levant, quand donc ? Nous étions là, tous quatre, si absorbés et si unis dans la même attente !...

La grève est plane, triste, monotone ; elle promène à perte de vue la grisaille de sa tangue jusqu'à la côte normande qui paraît elle-même noire sous l'amoncellement de ce ciel de plomb qui pèse sur elle. O le mélancolique paysage que nous vîmes ce matin-là ! Comme attirées par le retirement de la mer, des milliers de rigoles écoulaient l'eau, coupant et quadrillant en tous sens la plate superficie de la baie. Des vols de goélands et de mouettes allaient et venaient, d'aucuns passant presque au ras de nous, emportés dans un mouvement lent, ainsi que dans un glissement. Ils passaient à tel point silencieux que leurs ailes semblaient d'ouate, et, de temps à autre, de ces grands becs jaunes il sortait un glapissement grêle qui donnait froid. Quels sont ces points qui se meuvent dans le loin? La lorgnette vient au secours de mes pauvres yeux; ce sont, perdus dans l'immensité de ce sublime paysage, des hommes, des femmes, qui peinent déjà à ramasser des *coques* et fouillent le sable.

A nos pieds aussi la vie recommence; sur le chemin de ronde de rares matineux suivent les dalles étroites où leurs pas sonnent clair entre les créneaux ; à droite, à gauche, les toits, les pignons ardoisés dégringolent les uns sur les autres; ce sont des avancements, des angles bizarres, des incurvations de la briquette ou de l'ardoise qui laissent deviner les fléchissements des charpentes chenues et dont la ligne déconcerte; toutes ces masures dont le torchis s'effrite, que les mousses tapissent d'ocre jaune, que les lichens maculent de leurs lèpres et qui semblent, pour ne pas tomber, se cramponner les unes aux autres, sont bien celles qu'il fallait au crayon d'un Robida pour ses restitutions du moyen âge. Allons voir cela d'un peu plus près.

Neuf heures. — Les portes de l'abbaye s'ouvrent : le gardien qui va être notre guide nous tire un grand coup de son képi, et ce n'est point sans une vive satisfaction qu'il nous voit nous précipiter en nombre sur ses pas. J'imagine qu'il suppute déjà ce que va lui rapporter de pourboires cette première journée, et que chacun de nous — avec ce flair particulier aux gens qui ne vivent que d'une fonction, toujours la même — est taxé au jugé. Il prend la tête, et la visite traditionnelle commence sur un : « Par ici, Messieurs et Dames, s'il vous plaît ! »

LE CHATELET.

La « Salle des gardes » vue, nous gravissons d'immenses degrés; par une prodigieuse escalade, ils mènent vers un grand trou béant sur le ciel d'où tombe une ruisselante lumière qui a bien de la peine à réchauffer ces parois sombres, moussues, pleines de lèpres, qui nous enferment. D'un côté, la muraille sévère, primitive, des logis abbatiaux, très peu décorée, mais comptant pour une des anciennes parties du monument; de l'autre, les contreforts de l'abside avec d'horribles gargouilles qui surplombent: ce sont des faces grimaçantes de damnés ou de bêtes apocalyptiques, des rictus douloureux, des pieds et des mains griffus, le péché, enfin, imaginé dans toute sa laideur, et son châtiment dans toute son horreur; tout un poème de pierre éclos dans l'âme naïve d'un artiste de ces temps de foi profonde et timorée.

Déjà, d'une voix monotone, sans expression, le guide découpe par tranches son boniment, comme un enfant réciterait la fable apprise par cœur. Alors les groupes de se rapprocher, d'ouvrir tout grands les bouches et les yeux pour mieux recueillir la bonne parole. Qui donc, en sortant, ne voudra pas être un petit Viollet-le-Duc ? Combien j'aime encore mieux que ces bons badauds, qui ne savent pas aller au hasard de la découverte, ce brave père de famille anglais qui rassemble les siens autour de lui, sans souci de nos arrêts ou de nos poussées en avant à la suite du cicérone patenté, et, ses deux ou trois guides à la main, — tandis que l'aîné des garçons prend de rapides croquis, — fouille méthodiquement à droite, à gauche. Que de détails délicieux déjà n'avons-nous pas négligés pour donner notre admiration à d'autres qui ne les valent pas ou que l'on brûle !

Mais nous voici sur la terrasse du *Sault-Gautier*, à la porte de l'église. Là on est en plein soleil et, sur les grandes dalles, le pas sonne clair. « Mesdames, Messieurs, vous avez à admirer ici l'un des plus beaux points de vue qu'il y ait au monde !... Penchez-vous, s'il vous plaît, sur le parapet, et vous vous ferez une idée de la hauteur à laquelle nous nous trouvons... » Assez donc ! faut-il que tout cela soit de commande, et l'impression, et l'admiration !

Ne saurais-je donc pas goûter tout cela ? Oui, je plonge du regard dans ce vide prestigieux qui me fascine et ne puis plus en distraire mes yeux. Mais c'est tout ce dont tu ne me parles pas que je perçois, cicérone imbécile, que dans *Bouvard et Pécu-*

ÉGLISE DU MONT SAINT-MICHEL.

chet Flaubert a oublié d'enchâsser, quel que tu sois, guide du mont Saint-Michel ou de tous les châteaux du monde, guide de n'importe quoi et de n'importe où, bélître breveté et patenté ! Ce que je vois, ce que je mesure, ce n'est pas cette hauteur métrée devant laquelle tu t'extasies, c'est la glissade

éperdue des rocs où se sont accrochées la
joubarbe et la giroflée; c'est, tout en bas, le
grouillement des maisons et des hôtelleries,
d'où ne monte même pas un bruit, impuissant qu'il est à nous atteindre, comme ces
fumées éparpillées, dissipées, bues avant
que d'arriver à moi dans l'éther si calme
pourtant. Dieu! comme tout est rapetissé!
comme tout semble à ras de terre, bas,
mesquin, écrasé, et les toits d'ardoises qui
font capuche aux vieilles maisons, envahis
de mousse jaune, et les tuiles claires, et les
façades blanches, et l'église du village posée
comme un jouet au milieu d'un jardinet qui
est un cimetière où les tombes, de menus
carrés de pierre, pourraient être un jeu de
dominos abandonné là par un Lilliputien!
Par-dessus tout, le soleil rayonnant, promenant ses rais dans tous les recoins; c'est
imperceptible, tout ce que je saisis de l'angle
où je me suis réfugié; c'est si ténu, si subtil,
que plume et pinceau humains ne le reproduiront jamais; c'est la jouissance complète
de l'œil émerveillé au service d'un organe
sensitif à l'excès, faite de la perception inexpressible de la couleur, des tonalités, des
alternances d'ombre et de lumière, de la

physionomie des choses, de leur individualité propre dans la masse harmonique dont elles sont une note, des gammes de l'éclairage, de tout enfin. Tout cela, guide, essaie donc de me le mieux faire sentir, essaie de le mettre dans ton boniment, si tu le peux. Après tout, demeure tel que tu es; peut-être est-ce moi qui ai tort et que tu as, en somme, ta raison d'être, suffisante.

Mais j'entends encore cette voix nasillarde qui m'énerve : « Cette terrasse s'appelle le *Sault-Gautier*, parce que, sous François Ier, un fou, qui était sculpteur, et prisonnier pour avoir commis on ne sait quel crime, se précipita dans le vide par trois fois et ne trouva la mort qu'à la dernière. Je n'ai pas besoin d'ajouter que c'est une légende!... » Il fallait bien ajouter cela pour rassurer le bon bourgeois auquel la légende eût pu donner la chair de poule; et, sans plus tarder, il entraine après lui tout son monde visiter l'église.

Je vais me la remémorer, ta légende lamentable, gentil Gautier. Tu étais un brave petit artiste, il y avait en toi l'étoffe d'un immortel sculpteur, et ton testament est l'œuvre que tu nous as laissée dans l'église même de l'abbaye. Tu n'as peut-être jamais su bien au juste pourquoi ni comment, mais un jour tu as déplu à ton gracieux souverain François Ier. Ne serait-ce pas pour avoir représenté sous de méchants traits la favorite Anne de Pisseleu? Qui sait? Bref, on t'a jeté dans un noir cachot du Mont; tes cheveux y ont poussé si longs qu'ils bouclaient sur tes épaules, tes joues amaigries sont devenues si hâves, qu'aux rares intervalles où les moines te menaient dans leur préau, proche le *grand Exil*, tu paraissais à tous un revenant. Mais ta jeunesse ne peut plus longtemps lutter contre le désespoir qui s'empare de toi tout entier; les hallucinations qui te hantent dans la geôle deviennent si pénibles que tu sens venir la folie. Un jour, — par quel miracle ! — on t'accorde d'entendre la messe, non plus dans la chapelle lugubre, sous les cryptes, près du charnier, mais dans l'église, en haut, tout en haut, sur le pinacle du Mont ! C'était un dimanche de grande fête, le soleil luisait comme aujourd'hui, radieux dans sa gloire; partout les verrières resplendissaient de scintillements. Elles aveuglaient. Tout semblait être au bonheur de vivre, jusqu'aux choses qui empruntaient une gaîté de printemps à la franche et belle lumière du jour. Oh! le jour, le ciel pour toi!... Mais cette ironie des hommes et des choses est trop forte pour ton pauvre cerveau épuisé par l'insomnie douloureuse. Au sortir de l'ombre, l'éblouissement! Et tu compris alors que mieux encore valait mourir que d'emporter dans un instant le suppliciant regret de ce paradis entrevu, et prenant une course folle, échappant à tous, d'un bond, tu franchis le parapet, gentil petit Gautier!... Que Dieu ait ton âme!

C'est sur la plate-forme qui circule au faîte de l'abside que je rejoins la troupe de tantôt en train de s'éparpiller dans un enchevêtrement prodigieux de contreforts, d'arcades, d'arcs-boutants qui s'entre-croisent, aériens, légers ainsi que de grandes pennes d'un oiseau fantastique, de gargouilles, de clochetons, de pinacles, de tourelles enjolivées comme à plaisir; partout l'ogive fleurit et flamboie. Ce riche fouillis déconcerte par sa profusion. On éprouve un émerveillement à saisir dans son détail, d'une inouïe variété comme d'une incomparable finesse, le couronnement de ce colossal chef-d'œuvre de la pierre qui en est le poème gothique. Et l'on ne sait qu'admirer le plus ici du spectacle naturel ou de l'œuvre de l'homme. Car de cette balustrade d'où je contemple, on plonge sur des lointains qui vallonnent à l'infini, tandis qu'aux premiers plans, de quelque côté que l'on se tourne, c'est la grève que l'on embrasse vaste, grise, où les chercheurs de *coques* se meuvent comme des points; aux approches de la terre, l'*herbi* qui verdoie rompt un peu sa monotonie, ménageant la transition.

LE MARQUIS
DE TOMBELAINE.

Un peu sur le côté, Tombelaine, sentinelle avancée, fait sur les sables une tache violente. Sur la bordure bleuissante de la grève, des villages posent partout entre les bouquets d'arbres leurs clochers et leurs blanches fermes d'où montent de ténus fumerons. Entre les pâturages d'un vert gras, deux, trois rubans d'argent reluisent, se perdant ici pour reparaître là : c'est le Couësnon, la Sélune et la

Sée. Quelle émotion sens-je grandir en moi! suis-je dans le rêve ou n'est-ce pas le génie tentateur qui me fascine et me montre tout ce royaume comme autrefois à Christ sur la montagne?...

Pourquoi donc faut-il que je m'arrache de ce balcon? pourquoi ne puis-je monter encore plus haut, toujours plus haut, et, le front dans le pur éther, gagner le faîte par cet escalier de dentelle hardiment jeté en plein ciel, sur la croupe de cet arc-boutant? Il est, hélas! défendu; je n'aurai pas cette âpre jouissance que donne aux audacieux la vertigineuse appréhension du vide dompté.

Alors, redescendons.

Ce n'est plus une visite, ce n'est plus une promenade dans l'abbaye, c'est une course maintenant que le guide fait faire aux malheureux qui s'accrochent à lui, désolés de ne pouvoir être partout à la fois et tout entendre aussi de ses « savantes » explications. Le bonhomme pense aux autres visiteurs qui, sans nul doute, l'attendent en bas, et ce n'est plus le moment de muser...

Le *Cloître*, pur joyau, perle du Saint-Michel, merveille entre les merveilles : de sveltes colonnettes en ligne brisée, supportant deux à deux les arcatures ; à chacune d'elles, une rosace, un motif du plus somptueux ogival où se révèlent une imagination et une fantaisie que, dans le genre, aucun artiste n'a égalées ; le long des murs, les

LE CLOÎTRE.

LE GRAND DEGRÉ.

bancs de pierre où les moines venaient prendre le repos ; au centre du quadrilatère, à ciel ouvert, la cour dallée où le soleil tombe à flots. Comme il devait faire bon méditer ici dans le silence de cette solitude, au milieu de cet unique décor. Et tout a si bien gardé la physionomie primitive, le moderne qui a restauré tout cela a si bien compris lui-même les exquises beautés de ce morceau, il a mis tant de virtuosité à ménager l'illusion, que je me prends involontairement à chercher derrière les fûts jumeaux la robe de bure d'un de ces moines-guerriers d'antan dérangé par moi dans sa contemplative méditation!...

Maintenant, c'est au cœur du colosse que nous sommes; nous allons au travers des ténèbres mystérieuses enfermées dans ses flancs. Dieu! qu'ils sont tristes, ces préaux

LA GALERIE DE L'AQUILON.

et ces promenoirs premiers des religieux où l'humidité du roc perce au travers de la pierre verdie! comme le jour qui pénètre par ces vitrières lutte péniblement contre la nuit! comme il est chlorotique! Combien lugubres sont ce *charnier* sous les cryptes, cette *chapelle* où se disait l'office des morts, et cet *escalier* étroit pratiqué dans l'épaisseur des murs par où l'on descendait les corps des moines trépassés ! Dans ces infrastructures qui vont plongeant dans les entrailles du roc, les noms mêmes font frémir : c'est la *Galerie de l'Aquilon*, c'est le *petit Exil*, c'est le *grand Exil*. Les cachots ne sont pas loin.

« O voi ch'entrate, lasciate ogni speranza ! »

Dans les maçonneries les plus épaisses, les plus profondes, au cœur de celles qui constituent les assises mêmes du monde de pierre qui porte à cent mètres dans les airs les clochetons les plus délicats, les balustrades de dentelle, les tourelles à pinacles, les contreforts et les arcs-boutants les plus hardis, comme pour élever plus haut encore l'œuvre fervente et les prières de l'homme, on a voulu enfermer la douleur, étouffer les cris de la souffrance, les hurlements du désespéré, du fou dont on a fait perdre la raison ; il fallait que la pierre gardât le secret confié, comme les ténèbres elles-mêmes voilaient la face du condamné jeté dans les *in-pace*. Et quand le cachot lui-même inspirait une méfiance parce qu'il mettait parfois trop de temps à user le corps, — alors que, depuis longtemps déjà, l'âme pensante s'était dégagée de sa gaine, brisant tout, elle, échappant au bourreau comme une intangible fumée, — il y avait alors les basses-fosses, il y avait l'oubliette où le corps pourrissait, où la chair du patient s'en allait par lambeaux, attaquée pas les rats, avant même qu'il ait rendu le dernier soupir! Mais cela était encore une mort simple, presque sans phrases; des agonies plus ou moins prolongées, personne n'était le témoin; le misérable, dans ses tourments, pouvait se tordre à l'aise, fermer des poings inutiles et s'enfoncer les ongles dans les chairs, maudire et blasphémer; il fallait à certains la torture lente, intolérable, indicible, l'arrêt du mouvement, la diabolique *cage de fer!*

Et c'est son emplacement sous un cintre bas, et ce sont ses barreaux que je vois.

Maudits cachots, maudite cage, maudits justiciers, maudit repaire! maudit, trois fois maudit, cloître-prison du Saint-Michel!

Ouf! j'ai cru étouffer, tant l'atmosphère était lourde, viciée, tiède, avec un vague relent de moisi et chargée encore de toutes les iniquités, de toutes les décompositions, de tous les soupirs exhalés, de tous les appels inentendus, de tous les pleurs, de tous les martyres qu'elle a baignés !...

La course à travers l'abbaye continue, et le guide toujours s'acharne à son boniment qu'il dépêche : « ... Mesdames, Messieurs, vous vous trouvez dans la *Salle des Piliers*; ces fûts énormes, qui vous laissent à peine place pour circuler entre eux, soutiennent l'abside de l'église du Mont; il ne fallait rien moins que cela pour supporter ce poids colossal... » — « ... Mesdames, Messieurs, nous entrons dans la *Merveille*, le plus superbe échantillon de l'architecture monacale... Nous allons en parcourir successivement les trois étages... » Et vite, vite, de plus en plus vite même, le brave homme nous entraîne à sa suite. Cela lui fait perler des gouttes de sueur au front de songer qu'il y a bien une grande heure que nous l'occupons, et qu'en bas ceux qui ne demandent qu'à voir comme nous s'impatientent. Et nous passons de la *Salle des Chevaliers* au *Réfectoire*, du *Réfectoire* aux immenses cheminées dans l'*Aumônerie*, de l'*Aumônerie* au *Cellier*, où se payait la redevance, et au *Chartrier*, vide des grandes *librairies* qui l'emplissaient autrefois, des librairies comme Rabelais en voulait dans son abbaye de Thélème.

Nous nous retrouvons dans la Cour de la Merveille, et c'est la fin.

La visite à l'Abbaye est faite; peu de choses maintenant vont nous retenir.

Chacun de nous a fait ses emplettes; nos mains sont pleines de photographies, d'eaux-fortes, de livrets de monographies du Mont.

Encore un tour de rempart pour dire un dernier adieu à la grève. Mais voilà qu'ici même tout nous parle de départ; d'autres, comme nous, s'en vont, et sur le sable nous suivons avec un recueillement triste deux cabriolets qui ramènent des touristes à Granville; bien au-devant d'eux courent des guides qui sondent le terrain avec de grands bâtons.

...Un grand omnibus où nous sommes entassés nous ramène à Pontorson, et, bien que la soirée s'annonce fraîche, j'ai voulu voir le Mont tant qu'il dominera. Le soleil, qui est très bas, ne le dore plus que sur la gauche; l'autre moitié est déjà dans l'ombre. Tout s'y perd, tout s'y confond en un fouillis aux teintes neutres, estompées; ici et là seulement, à quelque saillie, un éclat de lumière s'accroche, dans quelques fenêtres des vitres fulgurent, puis tout s'assoupit peu

LA CHAPELLE SAINT-AUBERT.

LE MONT
(vu de la terre ferme).

TOUR GABRIEL.

à peu dans la limpidité du soir. Sur les rougeoiements du ciel le Mont tourne au bleuté, puis au violet. Il disparaît derrière une ferme, une meule, pour bientôt se placer entre les arbres. Il va s'effaçant de plus en plus jusqu'à n'être plus qu'un brouillard. Mais il demeure toujours un féerique décor. Tout à coup la route descend, la plaine monte derrière nous, elle fait croupe; un instant encore je saisis l'extrême flèche de la basilique, puis plus rien. Le charme est rompu.

Alors je m'aperçois qu'il fait froid et que la houppelande n'est pas de trop, et déjà je commence à me souvenir.

ARMES DES ABBÉS
DU MONT SAINT-MICHEL.

II

JERSEY

Granville s'est tantôt abîmé dans les flots. Maintenant, dans la chaude buée du lointain quelque chose se discerne à la fois plus rose et violacé, avec des contours vagues, sans consistance : c'est Jersey, la terre de liberté, l'asile des proscrits. Des voiles en tous sens : navires de faible tonnage, caboteurs, yachts ou barques de pêcheurs, leurs filets à la traîne, annoncent l'approche de la côte, et le steamer s'engage bientôt au milieu d'elles, glissant sur une mer amoureusement étalée sous les caresses d'un soleil qui la paillette d'or jusqu'à l'aveuglement et pénètre ses profondeurs d'une lumière où s'irisent d'innombrables bandes de méduses aux cloches gélatineuses emportées entre deux eaux.

Saint-Hélier. — Une ville de trente mille âmes, commerçante, par suite animée, dont le port frappe, en arrivant, par son ensemble de bassins, de quais et de jetées massives, orgueil des Jersyais, fruit d'accumulations continues d'efforts et de millions C'est la *Victoria Pier*, l'*Albert Pier*, promenade favorite; l'*Old Pier*, le *Merchants Quay*, l'*Old North Pier* enserrant trois ports inté-

ÉLISABETH-CASTLE.

rieurs : *Old Harbour*, *Albert Harbour*, *Victoria Harbour*, eux-mêmes entourés d'entrepôts pleins de navires, mais où les Anglais n'ont pas encore, chose étonnante, enfermé l'eau à demeure entre des écluses, ce qui porte à la navigation une entrave incontestable. Les navires n'y sont à flot qu'aux heures du montant; les entrées comme les sorties ne s'y peuvent faire qu'alors. A peu de distance, en mer, le fort Elisabeth (*Elisabeth Castle*), intéressant échantillon d'un genre de fortifications depuis longtemps inoffensif et démodé, sur un îlot déchiqueté que l'on peut gagner à marée basse par une chaussée naturelle de galets et de roches; on y va voir l'Ermitage où saint Hélier souffrit le martyre. Le lit du saint, creusé dans la pierre, avec son oreiller de granit, s'y montre encore. Là, pendant cinq années, l'anachorète fit des miracles, étonnant les populations par son ascétisme, jusqu'au jour où la massue d'un Normand envahisseur s'abattit sur son crâne au milieu des rires féroces de ses compagnons. La légende rapporte que l'ermite, pour faire sa pénitence, avait creusé deux trous à hauteur du genou, qu'il tenait remplis d'eau été comme hiver, au fond desquels ses pieds reposaient sur des pierres tranchantes et pointues jusqu'à ce qu'ils fussent ensanglantés ; pour conserver une immobile position droite et s'empêcher de tomber, ses omoplates et ses reins étaient fixés contre une planche bardée de clous qui pénétraient profondément dans sa chair.

En face, tout en haut du mont de la Ville qui domine Saint-Hélier, c'est, à cent cinquante pieds d'altitude, le fort Régent, fort et sémaphore tout à la fois, type de la défense moderne avec ses courtines basses, ses bastions et ses glacis aux pentes vertes; il protège l'île et la tient en respect aussi, ainsi qu'un dogue accroupi, tout à sa garde

ERMITAGE DE SAINT-HÉLIER.

vigilante, auquel les gueules des canons font un formidable collier de fer.

Saint-Hélier s'abrite au pied de cette croupe abrupte.

Ce mouvement de la rue, par lequel s'affirme la vie d'une ville, en dehors du quartier des affaires qui avoisine le port y est à peu près circonscrit dans trois voies, largement ouvertes, populeuses, boutiquières, plus particulièrement animées encore le soir : *King Street, New Street, Halket Place;* on y peut ajouter *Don Street*. Il ne faut rien moins que cette agglomération de magasins, de devantures luxueuses, et ce va-et-vient incessant qui trahit une population très dense, pour faire oublier la monotonie et la sévérité des maisons, qui se suivent, uniformes comme des casernes avec leurs fenêtres en guillotine et leur couche d'enduit gris ou jaune.

Une bonne demi-journée se passe à voir les places, les voies, la Bibliothèque, la mairie (Town-Hall), le marché, les jardins, les statues et les églises. Il y a vingt-cinq églises à Saint-Hélier! c'est-à-dire un nombre extraordinaire à raison de la population. Mais il faut compter avec les cultes dissidents : à côté des églises anglicanes, il y a les chapelles wesleyennes anglaise et française, la chapelle évangélique indépendante, l'église chrétienne biblique, la chapelle méthodique primitive, l'église presbytérienne anglaise, la chapelle indépendante anglaise, le temple de la Nouvelle Jérusalem, les chapelles catholiques romaines anglaise et française. Il n'y a donc que l'embarras du choix. La franc-maçonnerie possède elle-même un très original temple maçonnique. Quelques autres monuments au hasard, qui sont décrits dans tous les guides : l'hôpital général, la prison, le collège Victoria, l'arsenal de la Milice, le théâtre royal, la salle royale, la salle lyrique, la salle des réunions du Prince de Galles, le *Paragon Assemblée*, la salle Albert.

Mais de tous ces monuments, les uns et les autres récents, le seul vraisemblablement curieux, vraiment original, le seul qui intéresse et retienne, est à coup sûr le Tribunal de la Cour royale, que le populaire appelle pittoresquement encore, en son vieux normand auquel il tient par-dessus tout : la *Cohue!*... A côté de la salle de Justice, de la Chambre d'audience, la salle des États, où se tient le Parlement de Jersey, luxueusement ornée, tout entière boisée, de style gothique, avec pendentifs aux plafonds en caissons surchargés de sculptures. Le bois y est partout fouillé comme une dentelle. Dans l'une comme dans l'autre salle, deux sièges à la place présidentielle, deux fauteuils Louis XIII semblables, mais de hauteur inégale, représentent à eux seuls, par leur rapprochement, toute l'histoire de Jersey, les longs siècles de luttes et d'efforts de la vigoureuse race normande de l'île contre le pouvoir royal et les gouverneurs qui le représentaient, duel national et victorieux enfin de l'élément normand contre l'élément saxon.

C'est là ce qu'attestent les deux sièges. Devant tant de courage et d'irrédentisme, Jacques Ier rendit les armes : il décida que le *bailly* aurait désormais droit de préséance sur le gouverneur, son propre représentant, dans l'assemblée de justice de la Cohue comme dans la salle des États aux jours de réunion du Parlement. Ce fut la suprématie officiellement reconnue du juge normand sur le chevalier de la conquête; et, pour atteindre cette inégalité de deux fauteuils aux conséquences si profondes, il n'avait pas fallu au petit peuple jersyais moins de quatre siècles d'une indomptable ténacité à travers les férocités des guerres, des révoltes et des répressions brutales. Du même coup les habitants de l'île obtenaient de se donner des juges, dont le choix se faisait au suffrage universel, et cela dès le XVIe siècle (!), tandis que leur Assemblée parlementaire — la première du monde — leur assurait la libre administration de leur pays, ce *self-government* dont les Anglo-Normands sont si jaloux.

Voilà pourquoi ces deux fauteuils, dont la présence étonne le touriste auquel échappe leur signification, en disent si long au peuple toujours resté normand de Saint-Hélier, qui ne reconnaît encore sa Très Gracieuse Majesté Victoria et ne lui rend l'hommage qu'en sa qualité de duchesse de Normandie, dans cette *Cohue* où tout est demeuré normand, où l'on juge en normand, où l'on plaide en normand, où le texte de loi normand lui-même n'est autre que notre ancienne *coutume de Normandie* que nous avons feuilletée sur le bureau même de la Cour de justice non sans une certaine émotion. Quoi de plus inattendu, de plus étrange et de plus bizarre à la fois que de retrouver hors de son pays, encore perpétués intacts à travers les âges, ces us et coutumes d'une vieille province de France, aujourd'hui fondue dans notre unité nationale, qui chez nous ne sont plus que souvenir d'érudit, et là, réalité, là, où le juge d'appel est toujours comme jadis le *bailly*, où les maires des communes sont des *connétables*, où les communes sont toujours des *paroisses*, là, enfin, où se pousse encore, comme au bon vieux temps, cette clameur de « *haro* » si spécialement normande !

... Croyez-moi : à moins que de courir par monts et par vaux en touriste transformé en Juif-Errant, dussiez-vous crever les chevaux sur les routes, ne tentez pas de passer à Saint-Hélier une journée entière de dimanche, à moins qu'il ne vous soit agréable de prendre un bain d'ennui à haute température et que vous ne teniez pour hygiénique de bailler jusqu'à complète dislocation de vos maxillaires. A Jersey, comme en la méthodique Albion, la vie publique est interrompue dès que le dernier coup de minuit est tombé des horloges le samedi. Les rues sont quasi désertes, les magasins fermés ; les cafés, les buvettes, les bars ont été les premiers clos. Pas une ménagère dans la rue en quête de faire ses emplettes et ses provisions journalières : il n'y a pas de marché le dimanche ; mais comme on vit même ce jour-là, bien que l'on se cache chez soi pour vivre, il a été tenu ouvert la veille jusqu'à onze heures du soir. Chacun a été de son côté suivre les offices, le temps d'aller et de revenir, car la famille se claquemure et se réunit au complet dans les intérieurs pieux et recueillis d'où le seul bruit qui pourrait venir serait une lecture de Bible. En sorte que par les rues mornes, le policeman est seul à promener avec sa mélancolie sa mine rébarbative, et les chiens qui passent ne lui disent pas bonjour. Ce spectacle d'une ville où toutes les activités paraissent soudainement frappées d'ataxie est un de ceux qui surprennent le plus par leur opposition avec nos joyeux dimanches de France, où le populaire emplit les rues et déborde vers la campagne, vers les banlieues, dans une soif d'air et de réjouissances, quand il ne se presse pas sur les places publiques ou dans les salles de concerts. C'est l'observation dominicale dans tout son rigorisme, et notre rire lui-même s'éteint.

LE POLICEMAN.

Comme nous avons voulu assister à la messe militaire qui attire les étrangers dans l'église paroissiale (*Parish'church*), un monsieur en redingote, bedeau ou sacristain, vient à nous; sans faire excuse, encore moins sans demander une permission, il nous met en mains un livre ouvert à la page où lit l'officiant, et du doigt nous montre la ligne et le mot où il en est. Il en fait autant pour tous les curieux qui ont pris place comme nous dans les stalles. C'est assez dire que dans ce saint lieu, un jour de dimanche, il n'est pas permis d'apporter une simple curiosité profane. Mais au diable le livre! je ne suis pas anglican, moi, et peste que cette rage de prosélytisme sournois ou de formalisme extérieur dont l'hypocrisie alors blesse! Mon regard, en dépit de la surveillance du bedeau, ne se détache pas des éclatantes tuniques de drap fin écarlate du détachement d'artilleurs descendu du fort Régent pour assister à l'office, de leurs blanches buffleteries, de leur gentille calotte sans visière crânement plantée sur le côté de la tête, la jugulaire au-dessus de la lèvre, et surtout des fifres, des tambours dont le torse est serré dans une peau de léopard dont la tête, avec des yeux de verre, se place étrangement par derrière entre les omoplates, les pattes de devant du fauve lui faisant cravate. Les jeunes soldats chantent, entonnent d'une voix mâle les hymnes et les cantiques, et, la messe finie, nous nous précipitons pour assister à la parade sur la place. La musique prend la tête, et le régiment, faisant demi-tour, gagne l'abrupte montée de fort Régent dans un bruit de pas cadencé qu'accompagne une gracieuse ondulation de têtes et de balancements de bras, tandis que les maigres et folles variations des fifres et des clarinettes dominent l'éclat des cuivres...

Le courant de la foule qui se débande nous entraîne sur les quais; près des docks un tambour bat et de toutes parts on accourt. Est-ce un charlatan ou un prestidigitateur? Ni l'un ni l'autre; cette pensée ne nous serait même pas venue à l'esprit si nous étions mieux rompus aux habitudes dominicales anglaises. C'est, en plein air, le rendez-vous de l'Armée du Salut. Cinq ou six officiers, autant de femmes, autour desquels un cercle de curieux à chaque instant plus nombreux va se resserrant. Rien, dans les préparatifs, ne ressemble davantage à une séance de baladins ; sur le sol, un drapeau étendu attend la pluie des *pence;* le tambour envoie des ra et des fla aux échos du port, par ailleurs complètement désert ; des cuivres jouent un air peu entraînant ; il n'y a pas à s'y tromper, c'est de la musique religieuse. Le groupe des Salutistes s'est peu à peu grossi durant ce temps ; des soldats, reconnaissables à la décoration qu'ils portent à la boutonnière, sont venus se grouper auprès des officiers ; leurs yeux sont baissés, regardant volontairement la terre ; leurs lèvres, qui tremblent, révèlent l'oraison intérieure ; le livre est ouvert entre leurs mains. Une jeune femme d'une pâleur extraordinaire, et qui serait presque jolie avec ses grands yeux bleus, n'était un accoutrement ridicule et la capote misérable qui enferme ses blonds cheveux, entonne un cantique d'une voix grêle et sans timbre ; c'est le signal : tous vont en chœur, et les hommes, tête nue, y mettent une énergique bonne volonté. Mais les chants s'arrêtent. Un jeune homme s'avance, superbe gaillard de vingt-quatre à vingt-cinq ans ; il s'adresse au public en anglais et lui fait sa confession. Comme aux temps des premiers chrétiens, il affiche, il proclame sa foi, sans émotion, sans fausse honte, sans un tremblement. Il s'échauffe peu à peu à sa propre parole, il se grise de mots, l'inspiration et l'hallucination le tiennent : il ne parle plus, il crie, il vocifère, il prêche avec une militante ferveur, et sa face qui se congestionne et tourne au violet, dont tous les muscles saillent et finissent par lui donner un rictus horriblement douloureux et décomposé, est ruisselante de sueur. Il raconte comme lui aussi a trouvé son chemin de Damas, comme la foi est venue illuminer son âme jusque-là dans les ténèbres, comme ses yeux se sont dessillés, comme Jésus s'est offert à lui et comme désormais il lui appartient tout entier. Il adjure tous ceux qui l'écoutent de ne pas eux-mêmes résister plus longtemps aux voix intérieures de la grâce, à celui qui console les pauvres, les humbles, les souffrants. Il parle le plus pur langage biblique dans des élans qui touchent par leur violence et par leur sincérité, et c'est par une invocation passionnée qu'il termine à bout de forces et de souffle. J'ai trouvé que cela n'était pas sans une certaine grandeur faite de ce courage, de ce profond mépris du respect

humain qui arrête en nous tant et de si
bons mouvements, et qui est la principale
force agissante de tous les néophytes et de
tous les religionnaires. Mais nous sommes
ainsi faits que ce grotesque et quasi forain
attirail tue presque à nos yeux sous le ridicule cette scène naïve autant que primitive
de ces chauds catéchumènes. Un sourire
sceptique, plein de moquerie, erre sur toutes
les lèvres; mais tant pis pour ceux qui,
moins réservés, essaient de manifester un peu
bruyamment une hilarité que les assistants
jersyais se chargent de bien vite réprimer,
bien que de façon très courtoise, sans que
les Salutistes soient obligés d'intervenir et
de faire la police de leur réunion. Le respect
d'autrui est ici porté à ses dernières limites,
partant d'un sentiment très profond de la
liberté individuelle que nous ne connaîtrons
pas de longtemps encore, nous qui sommes
du pays où les mots de « liberté, égalité,
fraternité » se voient sur tous les murs.
Tout est toléré ici tant que l'ordre de la rue
n'est pas troublé, et vous pouvez vous promener avec le pardessus retourné et votre
haut de forme aplati qu'aucun étonnement
ne se lira sur la figure des promeneurs que

vous croiserez, surtout qu'aucun lazzi ne vous atteindra.

Un, deux, trois Salutistes succèdent au premier, hommes ou femmes; les uns et les autres s'expriment avec leur tempérament, mais tous avec une conviction indéniable. Aux intermèdes, on récite des prières, on entonne des cantiques. Tout a une fin; maintenant que les gros sous et les petits ont cessé de pleuvoir, une femme recueille sur le drapeau les piles d'un *schelling* (un franc vingt-cinq centimes) faites au fur et à mesure, puis annonce la recette totale, qui atteint à peu près cinq ou six francs de notre monnaie, et l'assemblée s'ébranle, en rangs serrés, musique et drapeau à sa tête, vers le temple où va se célébrer l'office. Les gens de Saint-Hélier, que ce spectacle distrait comme nous, le dimanche matin, ont été les premiers à donner, car ils savent l'emploi qui est fait de ces rouleaux de billon. Ils vont droit à l'hôpital apporter un peu de bien-être aux malades, et rien de ces collectes n'a jamais été détourné à leur profit par les Salutistes. L'Armée a d'ailleurs fait de remarquables progrès dans l'île, parmi la classe pauvre plus spécialement, et l'on nous assura que les religionnaires se recrutent dans le milieu ouvrier le plus honnête et le plus laborieux. Ce mysticisme, qui ouvre aux humbles des horizons d'espoirs inconnus, berce leurs souffrances et leurs misères, leur donne foi dans un au delà meilleur, leur inspire des trésors de patience et de résignation, fait taire en eux les convoitises et les revendications brutales. Aussi tient-on les Salutistes dans la plus grande estime à Jersey, où ils pratiquent ouvertement et librement leurs croyances sans jamais avoir donné lieu à une intervention des autorités.

Ces deux cérémonies, d'un caractère si différent, nous ont menés jusqu'à midi, c'est-à-dire jusqu'à l'heure du dîner, que nous faisons en hâte en un coin de table accaparé à la *Boule-d'Or*. Un landau vient nous y prendre aux environs d'une heure, et nous pénétrons dans l'île avec cette condition — qu'il a fallu toutes les peines du monde pour faire accepter du loueur — que nous serons les maîtres de notre excursion. Ce n'a pas été chose superflue, car dès le départ nous avons à lutter contre les velléités d'indépendance du cocher. Je suis obligé de prendre place à ses côtés, et, guide et carte en main, de l'astreindre à suivre cet itinéraire qui avait été laborieusement arrêté entre nous. Un aimable pharmacien, d'origine française, avec lequel le hasard d'une emplette nous avait fait lier connaissance, nous avait prévenus, et je livre au lecteur, auquel ces impressions personnelles pourront bénéficier, le fruit de cette expérience faite. Mais qu'il s'avise encore moins de prendre un de ces mails-coachs d'excursions dont les itinéraires fort séduisants, bourrés des noms de toutes les merveilles à voir dans l'île, sont une véritable mystification. Le conducteur, en vertu des ordres reçus du patron, ne fait que deux ou trois arrêts, de quelques minutes, sur tout le parcours qui oscille entre vingt et trente kilomètres, juste le temps de donner la botte aux chevaux ou de les laisser souffler. Chemin faisant, avec le doigt ou le fouet on vous montrera un manoir invisible par derrière sa garenne, à deux kilomètres en mer les rochers des Corbières, d'une côte on vous fera apercevoir dans le bas une baie fameuse, et ce sera tout ce que vous aurez eu de cette excursion dans une traversée rapide. Une simple promenade en voiture, voilà ce que sont les excursions des entrepreneurs de Jersey. Avis au touristes !

... La Tour du Prince *(Tower Princes)* ! Tous les guides la signalent comme une chose qu'il faut indispensablement voir ; nous y voilà !

Au milieu d'antiques futaies, une ruine dont le donjon émerge avec un drapeau flottant à sa cime dans un ciel admirablement beau, mais une ruine gaie, entretenue avec soin dans sa romantique vétusté, non sans un souci mercantile où l'art n'est entré pour rien ; car il y a tout autour des buvettes, un bar, des balançoires qui grincent accrochées entre les arbres du parc ; rendez-vous de campagne, guinguette aux échos joyeux, voilà ce qu'est en réalité la Tour du Prince : un prétexte à *garden partie*, mais rien de plus. Après, vous pouvez admirer la fraîcheur de ces bois, les fûts vénérables de chênes centenaires, le vert des pelouses, la luxuriance de ce lierre qui s'accroche vigoureusement aux murailles et serpente le long de la tour dont il fait la lente mais sûre escalade, comme, une fois sur la plate-forme, il vous arrivera encore de vous laisser aller au charme de cette vue panoramique de l'île que tant d'autres points culminants vous

TOWER PRINCES.   HOCGUE-BIE.

offriront. Mais au moins ne vous prenez pas au boniment du barnum qui exploite cette peu curieuse curiosité où tout est contrebande, où ces portraits des anciens seigneurs de la tour sont d'affreuses croûtes d'un peintre moderne travaillant dans le vieux neuf. Le point de vue est encore la seule chose qui ne soit pas trop surfaite à la rigueur.

Comme toutes les tours, la *Tower Princes* a sa légende, et l'on ne vous en fait pas grâce. Un historien de Jersey la rapporte ainsi : « Il y avait autrefois à Jersey un ser-
» pent monstrueux qui était la terreur des
» habitants de l'île; le seigneur de Hambye
» en Normandie, l'ayant appris, résolut de
» débarrasser les Jersyais de cet hôte redou-
» table; il engagea la lutte avec le monstre
» qu'il fut assez heureux pour terrasser.
» Mais le valet qui l'escortait, dans le but
» de recueillir la gloire de ce haut fait tua
» traîtreusement son maître et l'enfouit sous
» terre. A son retour à Hambye il fit accroire
» à la veuve de son seigneur que la bête avait
» causé la mort de son époux, et que pour
» le venger il n'avait pas hésité à tenter
» le sort à son tour. Il lui rapporta que le
» dernier vœu du seigneur mourant avait
» été de lui voir accorder sa main en récom-
» pense de son dévouement, ce qu'elle fit
» pour répondre à ce suprême désir. Mais
» le valet comptait sans le remords qui
» devait le bourreler, et dans ses insomnies

» il criait : « Oh ! assassin que je suis, j'ai
» tué mon maître ! » Comme ces aveux lui
» échappèrent souventes fois, la châtelaine
» entrevit la vérité, elle fit part de ses
» soupçons aux seigneurs amis de son défunt
» mari ; le valet fut appelé devant les juges
» et dut avouer son crime. C'est en souvenir
» de ces tristes faits que la dame fit élever
» une chapelle sur la place où son mari
» avait reçu le trépas, et ce lieu fut appelé
» Hougue-Bie. Par les temps clairs on voit
» de Hambye en Normandie la tour de
» Hougue-Bie. »

Mais la tour de Hougue-Bie, plus communément appelée Tour du Prince, ne fut élevée que bien plus tard par un seigneur aventurier français, Philippe d'Auvergne, qui servit l'Angleterre et devint contre-amiral après avoir pris le titre de prince d'Auvergne et duc de Bouillon en sa qualité d'héritier du prince d'Auvergne, qui s'était pris d'amitié pour lui pendant une de ses captivités en France et lui avait légué tous ses biens.

... Comme nous laissons derrière nous la Hougue-Bie, deux énormes mails-coachs nous dépassent bondés d'une centaine de promeneurs en goguette qui ont une fanfare avec eux. Pas une femme parmi; pour une partie de plaisir, la chose nous surprend, habitués que nous sommes en France à ne pas comprendre ces champêtres excursions sans la présence de ce sexe que l'on appelle faible, et que nous appellerons aimable, si vous le voulez bien.

Sur quoi le cocher nous apprend que c'est un usage des confréries ou des associations d'organiser, à la belle saison, une excursion à travers l'île, avec les fonds d'une cagnotte soigneusement entretenue pendant l'année. On mène la fête pendant un jour ou deux, et la réunion ambulante se termine par un pique-nique colossal. Voilà qui dépasse assurément le niveau de nos banquets populaires ou bourgeois, banales mangeries dans une salle quelconque d'hôtel ou de restaurant. Au moins sont-ce là occasions d'admirer les points de vue, les monuments curieux qui, chemin faisant, jalonnent la route, de respirer de bon air, de voir de belle nature, de cueillir de la poésie et des fleurs, et la musique, entre temps, charme l'oreille. Ce que nos Congrès, préparés de loin, sont seuls à faire, des artisans guidés seulement par leurs goûts le réalisent sans grand apprêt, à la bonne franquette, alliant ainsi à la célébration de leur fête patronale un certain sentiment de la nature et de l'art. Deux heures après environ, nous avons retrouvé ces braves gens, le teint légèrement animé, chantant, se donnant le bras, par groupes, enrubannés, des colliers de fleurs à leurs chapeaux ou autour du cou, quelques-uns pas très solides sur leurs jambes et suivant à pied les voitures.

Ils avaient pique-niqué et, du *jardin tropical* d'où ils descendaient, ils gagnaient la plage.

Leur franche gaieté est si communicative que nous en recevons comme un reflet, et non moins rieurs nous-mêmes nous prenons place dans le bar du Rozel, en face d'immenses tables toutes servies et garnies de plum-puddings, de plum-keake, de rosbeef, de charcuterie, de volailles froides où nous mordons à belles dents. Nous-mêmes avons acheté à des fillettes de ces colliers de fleurs jaunes dont tous les touristes se parent et dont nous sommes enguirlandés, ce qui sied à ravir aux dames.

Boulay-Bay... Cette verdure continue des *grounds*, des luzernières, ces plats horizons campagnards, ces routes impitoyablement blanches, ces maisons et ces bergeries rustiques, ces garennes abritant les manoirs, tout cela expire ici, tout près de la côte que nous venons d'atteindre après une longue traversée de l'île; une dernière haie de fuchsias, rouge de fleurs, haute de plusieurs mètres, taillée en charmille, nous étonne encore, et c'est la dernière poussée de cette luxuriante et belle végétation qui fait à l'île une incomparable chevelure verte. Une bouffée d'air frais et salin nous frappe au visage, Boulay-Bay est à nos pieds. Du bleu à perte de vue, mer calme, ciel uni, avec, dans les fonds, une légère buée qui brouille les deux immensités. Quelques voiles blanches piquent cette uniformité de points clairs dont on dirait des goélands au repos sur la vague berceuse. Au premier plan, des falaises vigoureuses, abruptes, des roches rougeâtres, recouvertes de bruyères fleuries ainsi que d'un camail épiscopal, dévalent dans un éboulis chaotique vers la plage qui apparait, tout en bas, une mince bande de sable et de galets. Le tout d'une empoignante sauvagerie en dépit du beau soleil. Vue par un de ces jours d'orage où les nuages amoncelés se poussent lourdement dans l'espace, où la mer démontée doit lancer à soixante

BOULAY-BAY.

pieds son écume, où le vent fait rage, cette baie de Boulay doit être tragique, et le sifflement funèbre du cormoran y doit donner froid. Des touristes sont partout éparpillés, les uns grimpent, les autres déboulent, ceux qui sont parvenus en bas tout petits : c'est un joyeux égrenement d'écharpes claires, d'ombrelles aux nuances changeantes, de robes voyantes dont la gaieté contraste avec la sévérité de ce coin de nature.

CARTE DE JERSEY.

Il en est ainsi de toutes ces baies que nous avons successivement visitées après : *Boulay-Bay, Rozel-Bay, Catherine-Bay, Bonne nuit-Bay* et tant d'autres qui rivalisent entre elles d'aspects tourmentés, de hérissements de roches, de découpures bizarres, faisant à Jersey la ceinture la plus merveilleusement accidentée qu'il soit donné de voir. Terre favorisée qui semble n'avoir jamais eu à redouter d'autres dangers que ceux qui lui venaient de la mer, contre les efforts de laquelle elle a multiplié les baies, les anses, les criques, les refuges, et aussi les fortifica-

MARTELLO DE SAINT-BRELADE.

tions de pierre : jetées et môles lorsque le flot était l'ennemi, et cette profusion de tours de défense, sentinelles en avant-garde posées ici sur un promontoire, là aux derniers confins d'une grève, ailleurs sur un îlot, et dont les cloches mises en branle par les guetteurs annonçaient aux habitants l'approche des voiles des pirates normands que la mer, complice encore, poussait vers les grèves. Vous en rencontrez un peu partout, de ces tours *martellos,* dont le nom tout espagnol précise bien le rôle qu'elles jouaient avec leurs cloches d'alarme, presque toutes en un parfait état de conservation et curieux spécimens de défense militaire dont la disposition intérieure et extérieure est bien faite pour fixer l'attention de l'archéologue.

... Il y avait cinq minutes à peine que nous venions de laisser le *Rozel* dans sa fête de verdures et de végétations extraordinaires, avec son havre si paisible et son môle au pied duquel dormaient les barques sur le flanc, lorsqu'au sommet d'une côte où nous nous attendions à lui jeter un dernier regard d'adieu et de regret, c'est en vain que nous le cherchons à nos pieds. Il n'y a plus rien, ni jardins tropicaux, ni les eucalyptus géants, ni les maisonnettes, ni la baie, ni le port, ni les barques, ni joie, ni cris : tout est dans un brouillard intense sournoisement venu de la mer, qui ne s'aperçoit plus elle-même, et qui gagne les terres avec une vertigineuse vitesse. Il intercepte le soleil, qui lui donne une couleur rousse et salie, et lorsque par

ANNE PORT ET BAIE SAINTE-CATHERINE.

quelques déchirures un coin de paysage apparaît, il est sinistre et noir, comme plongé dans une nuit de cataclysme, tandis que les champs, les mamelons boisés, les prairies que n'a pas encore atteints la poussière d'eau ou dont les crêtes émergent encore un instant, demeurent inaltérablement verts et reposés dans un bain de lumière. Cela tient de la fantasmagorie. Nous-mêmes en un clin d'œil sommes dans la brume qui va s'épaississant de plus en plus. Tantôt l'été, et maintenant l'automne, par le coup de baguette du magicien Océan qui nous envoie les vapeurs de son *gulf-stream !* Phénomène commun à Jersey, paraît-il, presque inconnu sur nos côtes, mais que par une torréfiante journée d'août comme celle-ci j'avais, avec une non moins grande surprise, constaté l'année d'avant à Bidart, sur la côte basque.

... Comme il n'y avait pas, ce samedi-là, de représentation théâtrale à Saint-Hélier, la fantaisie nous prit d'entrer en un de ces cafés munis d'un piano où tout consommateur s'improvise chanteur, musicien, diseur de monologues au gré de son caprice. Il quitte un instant sa consommation pour s'asseoir auprès de l'instrument, touche les notes ou s'accompagne, puis cède la place à qui veut. Pendant ce temps, un silence se fait, une sourdine est mise aux conversations, et cela le plus naturellement du monde, sans emphase et sans montre et surtout sans confusion. L'artiste regagne sa place comme il l'a quittée, au milieu de bravos quelquefois, mais le plus souvent au milieu de l'indifférence générale. Les consommateurs s'en remettent au surplus à eux-mêmes du soin de faire la police de la salle. L'un d'eux, n'importe lequel, tient en main une sorte de petit marteau assez analogue à celui de nos commissaires-priseurs; il occupe en outre un fauteuil placé sur un gradin; ce sont là les insignes de son intermittente fonction de président, car les présidents peuvent se succéder comme les exécutants, mais sans que la place demeure inoccupée tant que le concert va. Avec le marteau, il impose silence ou adjuge au suivant le droit de s'asseoir au piano. Un ténor nous fait entendre l'air du Toréador; un vieux maniaque, musicien dans l'âme, joue, traduit, interprète, brode des variations, improvise avec une furie qui effraie tant il se démène, grimace et se contorsionne, lançant à coups de poing sur le clavier qui en gémit d'extravagantes volées de notes. Et notre soirée se passe ainsi dans ce milieu qui a pour nous ce charme toujours piquant de la nouveauté.

Il va sans dire que nous avons absorbé force tasses de thé.

On paraît beaucoup aimer la musique à Jersey ; on en entend un peu partout l'après-midi dans les rues, où déambulent non point des orgues de barbarie ou des pianos-machines, mais de véritables orchestres. Trois, quatre pauvres hères s'associent et parcourent les voies, en redingote et en chapeau haut de forme : l'un joue du violon, un autre de la flûte, un troisième du cornet à pistons ; un gamin transporte le pupitre et la musique, et sur une bordure de trottoir ils donnent leur petite audition. C'est très drôle.

2e journée d'excursion. — ... Comme je les comprends maintenant, ces paysages anglais toujours impitoyablement verts et lustrés avec ce je ne sais q oi de quasi faux et de fade auxquels nous ont habitués les gravures peintes d'outre-Manche ! A Jersey, ce sont, à perte de vue, des pâturages, des prairies savamment irriguées, chevelues, ces *grounds* enfin dont les Anglais sont si fiers, où vont lentement des vaches au mufle rose que l'on dirait placées là pour le plaisir des yeux, dans un souci de l'arrangement, tant elles sont proprettes et grasses avec leurs énormes mamelles pendantes. Entre les héritages, des haies vives, taillées, des bordures de bois; partout des chemins de desserte qui fuient sous les arbres, entretenus ainsi que des allées de parc, sans une pierre, sans une ordure laissée là par les bestiaux, car elle est aussitôt relevée que tombée. Comme nos paysans français, entre tous insoucieux de cette toilette de la terre qui est une coquetterie des Jersyais, gagneraient à s'inspirer de tels modèles! Ils y comprendraient mieux aussi la valeur du sol à voir ce qu'on sait ici lui faire rendre non seulement par une intelligente culture intensive, mais encore par l souci partout marqué de n'en pas laisser un pouce inculte. Les fermes, les exploitations agricoles sont à l'avenant, blanches, dégagées dans leurs abords; il en vient de bonnes et saines odeurs d'étable et non ces puanteurs âcres qui se dégagent dans nos métairies des fumiers, des fosses à purin, de ces cloaques qu'il faut traverser à même pour gagner les dépêches. Si cette propreté n'était pas innée chez les agriculteurs de Jersey, un bon règlement de police toujours en vigueur, toujours sévèrement appliqué, saurait le leur rappeler au besoin. Ce ne serait donc pas chose difficile à obtenir, mais si la manie de tout réglementer administrativement n'est pas ce qui nous fait défaut, c'est à coup sûr le génie d'une intervention bien comprise. Grâce à tout cela, Jersey, pays agricole par excellence, semble bien plutôt un unique, un vaste, un superbe jardin, riant selon le site dans les endroits où il est accidenté, et par ailleurs infiniment monotone et mélancolique à force de régularité, de monochromie dans les couleurs, de répétitions dans les formes et les contours. Une telle campagne vous donne à la longue, et nous le sentons déjà à merveille, ce maussade et bel ennui que les Anglais promènent partout sous le nom de *spleen*. Quelques heures de traversée en voiture ont suffi pour nous donner cette impression et ce malaise que le seul aspect des côtes, si variées et si déchiquetées pourtant, ne chasse qu'à grand'peine.

Mais en revanche comme cela résonne agréablement à l'oreille d'entendre de temps à autre les paysans vous répondre en un français qui est un dialecte normand, pas toujours très facile à comprendre, où l'on retrouve de ces vieux mots depuis longtemps disparus chez nous, ou tombés en désuétude, ou détournés de leur sens primitif et dont l'archaïsme surprend. En sorte que l'on se croirait en quelque coin de Normandie, pas du tout dépaysé, n'étaient de loin en loin ces mails-coachs d'excursion que l'on croise, chargés d'Anglais, dont le guide, sur une banquette de derrière, tire de bizarres sons de son cornet.

Le souvenir d'un de ces accidents de route qui sont d'ordinaire la menue monnaie des voyages me revient toujours agréablement, parce qu'il nous fit prendre contact avec de braves cultivateurs de la paroisse de Saint-Martin. Le tard se faisait lorsque les chevaux de notre landau, harassés, se refusèrent à gravir la montée si raide par laquelle, au sortir de la baie Sainte-Catherine, on gagne la route du Montorgueil. Après des efforts qui pendant plus d'une heure avaient été vains, je partis à l'aventure dans les champs pour apercevoir quelque ferme où demander du secours. Dans une bande rouge de trèfle de Hollande j'avisai un homme et une femme en train de couper du fourrage. Le soir commençait à tomber avec une douceur infinie; il y avait dans le ciel limpide de ces magnifiques et chaudes rougeurs qui précèdent la chute finale du soleil, et dans ce paysage que l'heure et le calme faisaient si solennellement beau, ce couple de robustes et jeunes paysans, qu'à ces signes extérieurs qui ne trompent pas on devinait très tendre, achevaient un motif de tableau devant lequel le grand Millet lui-même se fût mis à genoux. Mon embarras ni ma hâte ne m'empêchèrent de ressentir la chose en artiste, sur la minute; pour un rien j'aurais fait là une pause, si les claquements du fouet et les jurons du cocher qui m'arrivaient ne m'eussent rappelé notre commune mésaventure. J'expliquai le cas, et la jeune femme m'escorta tandis que l'homme partait en courant quérir un cheval de renfort. En quelques coups de collier la bonne bête du Jersyais eut à elle seule mené la voiture en haut de la terrible côte où nous étions si malencontreusement restés en panne. Ils ne voulurent accepter aucune étrenne, aucun souvenir : le plaisir de rendre service s'était simplement étalé sur leur brave figure. Devant la maison, tout le monde vint nous saluer, et nous repartimes au milieu d'un concert de bons souhaits. Il va sans dire qu'on ne vit pas le Montorgueil ce soir-là. Nous ne rentrâmes à Saint-Hélier qu'à la grosse nuit.

Château de Montorgueil, à Gorey. — ... Juché sur la colline au pied de laquelle s'abrite Gorey, le château de Montorgueil, dont les murailles en occupent et circonscrivent toutes les croupes, est énorme, écrasant avec son donjon central ; cette masse formidable, qui effraierait encore si sa ruine ne le lui défendait, inspire néanmoins ce respect que forcent les souvenirs d'un temps où il fut la première sauvegarde de l'île. Mais si ses luttes contre l'envahisseur de France furent glorieuses sinon toujours couronnées de succès, et si le Jersyais se plaît à les rappeler avec orgueil, il évoque aussi la mémoire de sombres jours, de terribles cruautés, de perfidies sans nom, lorsqu'aux mains du gouverneur Backer et de tant d'autres il fut pour l'île un instrument de terreur et de sang. Repaire de bandit, le Montorgueil fut honni et exécré comme la mémoire du misérable que perdit enfin le loyal Philippe de Carteret, champion des libertés de l'île, au moment où sa femme, le sauvant de la mort par un miracle inespéré, précipita le sanguinaire et félon Backer dans l'abîme d'infamie où il s'était plongé! De plus pacifiques et plus riants épisodes s'y rattachent.

Au Montorgueil se tenaient les *Chefs-plaids*, une institution judiciaire analogue à nos grands jours des Cours féodales. Pour la circonstance le château se faisait avenant, presque bon enfant; enguirlandé de feuillages où des fleurs étaient piquées, comme un bœuf gras, colosse mais inoffensif, les poternes grandes ouvertes, les salles jonchées, il livrait passage à la foule des feudataires, des vassaux et des tenanciers qui répondaient à l'appel de leur nom jeté à voix haute par le dénonciateur public, un sergent. Et c'étaient en premier lieu les Normands de France : MM. l'évêque de Coutances, l'évêque d'Avranches, l'abbé de Cherbourg, l'abbé du mont Saint-Michel, l'abbesse de Caen, tenus de comparaître ou se faire représenter à la Cour du bailly quatre fois l'an; après les seigneurs ecclésiastiques, les seigneurs laïques. D'abord les quatre chevaliers-hauberts relevant de la duché de Normandie : messire de Saint-Ouen, messire du Rozel, messire de Samarez, messire de la Trinité ; après eux, les neuf seigneurs qui devaient suite de Cour, et enfin les dix prévôts élus par les paroisses. Ils restaient debout en

CHATEAU DE MONTORGUEIL.

face du Tribunal, tandis que les seigneurs prenaient leur place respective dans l'ordre réglé, à la droite du bailly, à la fois juge, gouverneur et représentant du roi. La redevance déterminée, les règlements du bailliage adoptés, l'audience commençait. Justice sommaire, justice féodale, donnée le casque en tête, l'épée au côté, toujours menaçante, toujours redoutée, toujours arbitraire et qu'on ne sollicitait qu'avec épouvante, le droit du plus fort y étant toujours le meilleur.

Comme nous nous présentâmes au château l'après-midi d'un dimanche, le concierge ne daigna pas nous escorter, par crainte, sans nul doute, de violer l'observation dominicale ; son permis de circuler nous suffit du reste amplement, et nous avons en toute liberté parcouru le Montorgueil des salles voûtées qui plongent dans ses fondations, où le jour ne pénètre que par d'étroites meurtrières, jusqu'au sommet de ce monumental donjon d'où nous avons aperçu, dans le loin, avec le secours de jumelles, la flèche de Coutances. Sur la large terrasse circulaire qui le couronne dans son pourtour, le regard plonge tour à tour sur une côte merveilleusement accidentée s'en allant à perte de vue, par une succession de baies et de promontoires, vers le Rozel et la baie de Boulay ; à nos pieds mille détails intéressants : l'emplacement d'un ancien camp de César, un dolmen avec son allée couverte émergeant d'un fourré de ronces et d'ajoncs, le fort César, le saut Geffroy, et à nos pieds Gorey, calme, désert avec l'amas de ses maisons, sa paisible rade, sa jetée, le long de laquelle une corvette est embossée; pas un bruit ne vient à nous de la ville engourdie comme l'était Saint-Hélier le matin, dans le recueillement du dimanche. La nature seule continue à vivre et à s'épanouir; des vols d'hirondelles et de martinets se pourchassent au-dessous de nous. Deux couples se chauffaient au soleil, adossés au mur, étendus à même sur les dalles ainsi que des lézards; ils n'oubliaient pas de suivre d'intimes causeries en contemplant les horizons profonds. Nos émerveillements troublèrent ce sentimental quatuor, qui s'en fut rechercher le calme et la solitude perdus dans je ne sais quel coin d'une autre terrasse où, comme si nous avions mis une obstination à les débusquer, nous les retrouvâmes involontairement un instant après. Leur contrariété parut assez clairement; les voilà de nouveau remis en fuite et, bras dessus, bras dessous, ils reprennent leur premier poste d'observation... et sans doute aussi... leur innocent flirtage.

Saint-Brelade. — A quelques lieues de Saint-Hélier, Saint-Brelade est un de ces coins enchanteurs que l'on ne voudrait seulement pas voir et puis mourir, comme le disent emphatiquement les Italiens de Naples, mais où l'on voudrait bien vivre, replié dans un égoïste bien-être en une de ces luxueuses villas qui, au delà de la grand'route, faisant face à la mer, égaient un vert coteau. A quel voyageur n'est-il pas arrivé de caresser ce rêve de poser sa tente dans quelqu'un de ces sites bénis où le seul spectacle du paysage enchante et repose l'esprit? Qui ne s'est pas dit, dans une de ces courtes minutes de rêverie : là, je voudrais m'arrêter; trêve à toutes ambitions, trêve à tout bruit du dehors; qu'ici se perde ma trace; qu'ici commence et s'achève une douce existence à deux faite d'oubliances et de contemplations! Mais la seule conception n'est-elle pas elle-même ambitieuse au delà de toute expression, ne fût-ce que par son raffinement? Souvenons-nous que le poète, dans un accès de philosophie, a écrit ce vers que l'humanité devrait graver sur l'airain :

Tout bonheur que la main n'atteint pas n'est qu'un
[rêve!

Combien souvent l'avons-nous à portée de la main, au cours de la vie, ce bonheur qui est un grand méconnu parce que nous ne savons pas même le discerner!

La mer vient battre au pied d'une petite église, une chapelle bien plutôt, basse, modeste, vieille entre toutes, presque cachée dans les arbres, entourée d'un cimetière fleuri où pétillent des rouges-gorges qu'on dirait apprivoisés, sautant de branche en branche, ou passant lestes et vifs entre les pierres tombales. Aujourd'hui on y baptise; toute une famille est là; le nouveau-né vagit tandis que le ministre lit des prières d'une infinie douceur; nous assistons à la scène sous ces voûtes vénérables, entre ces piliers épais et bas dont les chapiteaux grossiers accusent un art bien lointain et primitif. Que de générations sont venues là se recueillir au pied de ces pierres impassibles! Et demain on continuera à baptiser, à enterrer. Est-ce qu'il n'y aurait que les choses qui ne changent pas, qui ne meurent pas, qui échappent à ces profondes transformations de notre fragile enveloppe?

Comme tout est contraste! Ici, dominant le bourg, une falaise qui, de sa base qu'elle plonge dans les flots, s'élève dans le ciel comme pour lui crier sa misère, abrupte, sévère, rocheuse, tourmentée, sans un arbre, sans un bouquet de verdure, avec des végétations naines, rabougries, des tapis de bruyères en fleurs qui la couvrent de loques violettes sans égayer sa misère, en dépit du soleil qui laisse traîner sur elles ses franges d'or; et là, dans la gorge où se blottissent les maisonnettes et d'où montent les fumées, des arbres séculaires, des chênes, des hêtres en quinconces, des camélias en pleine terre, des haies de fuchsias, et, sur ces coteaux, plus loin, une végétation aussi rare que riche où la main de l'homme s'est jointe au puissant effort de la nature! Admirable contraste sans doute, auquel Saint-Brelade doit et sa gaieté et sa grandeur triste, selon que vos pas vous mènent ici et là. Est-ce que par un mystère profond il n'y aurait pas aussi dans la nature de ces inégalités pareilles à nos inégalités sociales?...

... Sur le pont du steamer où chacun est en train de choisir son poste d'observation, nous attendons que la marée soit assez montée pour nous permettre de prendre le large. Tout à coup, quelqu'un auprès de nous s'écrie : « Tiens, voilà le général Boulanger! » Le bruit gagne de proche en proche et tous les regards vont à lui, ce qui ne le déconcerte guère. De temps à autre il envoie un adieu de la main à une fillette que lui tend sa mère en pleurs; une séparation pénible se fait là; ses yeux, où paraît une tristesse, plongent souvent dans le loin, et peut-être vient-elle surtout de cette indifférence qu'il sent autour de lui, si proche de la répulsion. Pas un coup de chapeau, pas un cri ne vont le trouver. Le vapeur s'ébranle le laissant sur la terre étrangère; pendant quelques instants il agite son chapeau, la jeune femme agite son mouchoir la figure inondée de larmes, et tous ceux qui partent vont en France, en France où il pensa s'enivrer de popularité. Oh! les cuisants lendemains!

Ces souvenirs remontent à trois ans déjà, c'est-à-dire à une époque où partout encore on ne s'entretenait que du condamné de la Haute-Cour de justice. Mais à Jersey déjà il était presque un oublié; sa présence dans les rues ne soulevait plus aucune curiosité; cette laborieuse population de Saint-Hélier qui, en politique, n'a connu jamais que le seul souci de maintenir intacts ses privilèges et son *self-government,* ne le voyait plus quand il passait. Pourquoi se serait-elle passionnée pour un exilé qui n'était qu'un conspirateur? Ce proscrit n'était pas de ceux qu'elle avait de tout temps accueillis avec tant de respectueuse sympathie : penseurs, poètes, représentants du peuple, défenseurs des vraies libertés. Et puis ce va-et-vient des débuts, ces visites incessantes de fidèles continuant la partie quand même, ces députations s'étaient espacées peu à peu, et le vide s'était fait après quelques mois, prélude de ce final oubli auquel cet homme ne put se résigner. Le général Boulanger l'avait bien compris : il n'y avait plus rien à faire pour lui à Saint-Hélier où ses parades et ses effets de torse à cheval ne soulevaient plus un seul coup de chapeau, et il s'en alla à Saint-Brelade où l'amour de cette dévouée, qui fut Mme de Bonnemain, n'arriva pas à calmer les inquiétudes de son esprit, les remords de sa conscience peut-être, mais surtout le mortel dépit de son immense avortement transformé en avanie. Tant de rêves irréalisés, tant de grandeurs entrevues avaient fasciné cette cervelle qui continua de les caresser alors même que la bataille fut perdue! Il ne circulait sur lui à Saint-Hélier que des potins de chambrière, un déballage de détails de sa vie intime auquel se mêlait le nom d'une femme, et que nous tairons pour elle et pour lui dans un respect de la tombe; mais ils étaient malpropres, certains! C'est tout ce que nous en sûmes, encore fallut-il qu'un cocher, qui n'avait pas même été au-devant de notre curiosité, parlât.

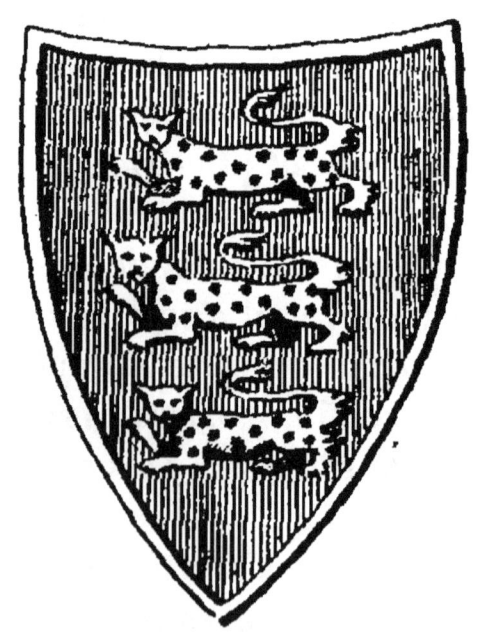

ARMES DE JERSEY

PHARE DES CORBIÈRES (JERSEY).

SAINT-MALO

A bord. — Depuis tantôt une demi-heure que Saint-Malo est annoncé, nos jumelles marines tenues à deux mains, nous ne cessons de fouiller la côte, qui monte peu à peu d'abord uniforme, sans caractère comme sans relief et sans dessin; elle n'est qu'une bande sombre à l'horizon. Mais le point où Saint-Malo se trouve ne se perd pas et nous y revenons toujours; une imperceptible aiguille émerge dans le ciel, fine comme une flèche de sloop, et ça en est bien une, mais faite de pierre et prenant son vol hardi dans la nue qu'elle semble vouloir transpercer : le clocher de Saint-Malo !

Un refrain qui me rappelle mon enfance, auquel ma voix encore inhabile et tremblante s'essaya, qui calmait mes pleurs ou charmait les heures monotones, me revient obstinément, sans que d'ailleurs j'essaie de le chasser; je le fredonne, et ne l'ai jamais trouvé plus doux et plus enfantin. Oh! que de choses d'un monde vécu dans ces naïfs couplets :

> A tout je préfère
> Le toit de ma mère,
> Le rocher de Saint-Malo
> Que l'on voit sur l'eau.

Ce clocher m'attire seul maintenant depuis que le Saint-Michel *au péril de la mer* a disparu bleuâtre dans la baie de Cancale masqué par un promontoire; sa blancheur éclate dans un rais de soleil qui l'enveloppe, tandis qu'à ses pieds chevauchent sur les remparts les toits et les cheminées de ce repaire de marsouins fameux abrités comme en un vaisseau de haut bord. C'est bien cette impression que donne Saint-Malo ainsi vu du large : un engin de guerre flottant avec un unique mât. A droite, à gauche, un archipel d'îlots, de crêtes de rocs que la vague frange d'écume, les uns et les autres couronnés de forts, de murailles grises, sévères, aux angles rigides, aux découpures géométriques, défenses militaires éparses du xviie siècle, dont le développement complet se trouve dans l'enceinte de la ville, forteresse hier si formidable, aujourd'hui si inoffensive encore qu'imposante. Ces pierres

UN FORTIN.

inutiles et déjà aliénées vous parlent d'un temps qui vit de grandes choses et d'étonnantes prouesses. Notre utilitarisme moderne ne s'en accommode plus. Encore des témoins glorieux du passé qui disparaissent, mais lorsque, sous la pioche des démolisseurs, seront tombés le dernier fortin et la dernière redoute, sur le Grand-Bey quelque chose toutefois sera demeuré : la pierre tombale de l'immortel enfant du pays qui voulut dans la mort encore affronter les déchaînements de la nature après avoir connu tous les orages du cœur et de la vie.

De toutes ces villes fortifiées de Bretagne que nous avons déjà parcourues, Saint-Malo est encore restée la plus étroitement enfermée dans ses murailles ; nulle part rues plus étroites ni plus sombres ; et, l'espace manquant, les maisons s'y sont élevées d'autant plus. De partout bloqué par la mer, Saint-Malo, étranglé dans sa presqu'île, n'a pas trouvé à briser le corset de son enceinte, à déborder au dehors ; la mince langue de terre du Sillon qui vient s'amorcer au Château, tout entière prise par la route qui mène à Paramé, la relie seule au continent. La mer en vient battre furieusement les travaux de défense qu'il a fallu protéger par une plantation dans le sable d'énormes troncs d'arbres. Leurs fûts tordus, où les moignons des branches coupées forment de bizarres excroissances, produisent, vus de la plage à distance, le plus singulier effet, au pied surtout de la *Quiquengrogne* fameuse. Et l'on discerne mal ce que peuvent être ces bataillons géants; ils semblent mis là d'hier dans la hâte d'un siège, pour mieux gêner

SAINT-MALO VU DU SILLON.

les abords de la place et rendre son approche plus meurtrière à l'ennemi. Mais celui dont ils divisent les forces est bien le plus inlassable, le plus acharné de tous à cet assaut que deux fois par jour il donne au granit contre lequel il lance avec fracas les bataillons pressés de ses lames, cet Océan qui pulvérise la roche, la délite, la lime, la polit, la sape, l'écaille sournoisement, et puis, comme il se retire dans ses fonds et sur les plages des sables, en étale et nivelle les infinitésimales poussières.

Cinq, six rues commerçantes et passagères, celles où sont les bazars, les magasins de nouveautés, les étalages, voilà pour le Saint-Malo du XIXe siècle. Quelle sous-préfecture d'aujourd'hui n'en offrirait pas autant? Ce qui charme au sortir de ces voies banales, c'est tout ce qui par ailleurs perpétue le passé du repaire malouin et son ancienne splendeur, comme tout ce qui éveille en nous, de près ou de loin, ces souvenirs qui se rattachent à ses enfants glorieux, armateurs ou corsaires, amiraux, poètes ou penseurs. Tout petit Français, dès l'école, allie leurs noms aux fastes de notre histoire. C'est, dans la rue *Jean-de-Châtillon*, la maison de Duguay-Trouin avec ses trois étages de verrières où le soleil s'accroche et fulgure dans les minuscules losanges enserrés de plomb qui évoquent, plus suggestive en nos esprits, cette époque grandiose où les hommes de mer en perruque poudrée avec jabot de dentelles commandaient en héros sur le pont de leurs vaisseaux, et, la hache d'abordage à la main, violaient la victoire à force d'audace et de génie guer-

LE CHATEAU.

rier. Tout auprès, la maison natale de Chateaubriand, proche elle-même de la maison de la reine Anne. Trois figures, trois époques, trois berceaux qui tiennent encore par miracle : le marin, dont les aventures et les coups de main charmèrent notre prime jeunesse à l'égal des contes des *Mille et une nuits;* l'écrivain, dont les mélancolies inspirèrent plus tard nos premières rêveries d'adolescent; la bonne duchesse, qui traverse l'histoire avec ce profil naïf et doux que nous ont livré les médailles et que les chroniqueurs nous représentent chevauchant de ville en ville, allant partout voir ses bourgeois et ses nobles, aimée du populaire, fêtée par lui, construisant partout église ou chapelle, oratoire ou calvaire, maison ou tombeau, donjon ou castel, et puis consommant l'union de sa Bretagne à la France en échange de l'anneau et de la couronne, mais restant toujours la duchesse Anne. Fut-ce bien sa maison à Saint-Malo celle que l'on nous montre dans une sorte de venelle, avec quelques fenêtres gothiques et flanquée d'une tourelle au profil étrangement bosselé par les coups de pouce du temps? On le dit et j'aurais garde de m'inscrire en faux contre la commune renommée; mais nous allons tant en voir en Bretagne de ces maisons de la reine Anne, qu'à moins d'admettre qu'elle s'était ménagé un pied à terre en chaque ville, il sera plus prudent de n'y voir que des maisons nobles ou bourgeoises où, lors de son passage, elle était accoutumée de recevoir l'hospitalité et de séjourner, et qu'à raison de cette circonstance la tradition populaire a fini par lui attribuer en toute propriété. En tout cas, la reine Anne, qui fut en son temps une femme merveilleusement

PORTRAIT DE LA DUCHESSE ANNE.

douée, de sens droit et pratique, qui gouverna sa province masculinement et sut aimer les arts en femme et en artiste, faisait bien les choses quand elle s'en mêlait et se montra bien bretonne, — c'est-à-dire voulant bien ce qu'elle voulait. — Son propos est fameux :

> Quic en groigne
> Ainsy sera
> C'est mon playsir.

Elle fit sa fameuse tour en dépit de tous les mécontents, non pas tant pour ajouter à la défense de Saint-Malo que pour mieux réprimer le turbulent esprit d'indépendance de ses habitants.

La *Quiquengrogne* existe encore, à deux pas de sa maison, qu'elle avait à coup sûr choisie aussi voisine pour en mieux surveiller et diriger les travaux. De la rue Saint-Vincent, où est la maison natale de Chateaubriand, à celle de Lamennais, cet autre grand tourmenté, il n'y a que peu de chemin à faire, et les pèlerinages sont à peu près terminés.

Mais quelles amusantes ruelles, quel pittoresque fouillis de maisons d'il y a deux ou trois cents ans, ayant chacune quelque chose à livrer à votre album ! Celle-ci sa porte d'entrée, celle-là sa cour intérieure où vous avez tout d'abord jeté un coup d'œil timide par le portail entre-bâillé, où bientôt vous êtes entré sans autre permission que le droit de curiosité que les archéologues en voyage finissent par prélever avec un sans-gêne qui les fait souvent traiter en Anglais ; la façade de cette autre vous retient par ces verrières du XVIIe siècle bien spéciales à Saint-Malo qui donnent aux étages disposés en encorbellement des apparences de vérandahs bizarrement superposées ou de serres inconnues, avec des montants de bois, des consoles et

PORTE DU CHATEAU.

des supports où sont sculptés de bizarres figurines et de non moins bizarres feuillages.

Sous les auvents pendent des cordages, des poulies, des rouleaux de filins, de câbles, des suroîts de matelots cirés, des bottes, et de toutes ces fournitures s'échappe une odeur de goudron, de marée et d'entrepont de navire qui emplissent le quartier et vous prennent aux narines. Les gens qui sont sur le pas de leurs portes en sont imprégnés. Vus tous ces détails qui échappent à la plume, parce que la description tombe dans une monotonie fastidieuse à laquelle le crayon et l'album échappent, une promenade sur le rempart vous donne de singulières perspectives dans les profondeurs de ces venelles dont la lumière ne touche que les sommets.

Au niveau des premiers étages, l'œil plonge dans les intérieurs modestes par les fenêtres grandes ouvertes où des bateaux pendent aux solives, où des images grossières collées aux murs rappellent de terribles bord-à-bord dans les fumées d'une meurtrière canonnade. Le portrait de Duguay-Trouin est à côté d'un Napoléon Ier, et dans le clair-obscur des rues, en bas, les coiffes blanches des bonnes femmes qui circulent ou bavardent sur le pas de leurs portes, piquent des notes claires. Le vieux et le neuf sont mélangés dans un assemblage qui étonne ; l'architecture elle-même a des raccords qui jurent, et le tout n'est pas sans surprendre agréablement à côté de ces symétries auxquelles nos grandes villes nous accoutument. Dans la plus pauvre de ces masures il y a un

LES REMPARTS DE SAINT-MALO.

reste d'un art précieux à recueillir, art du sculpteur, du maçon ou du charpentier. Chemin faisant, on franchit des poternes, on passe auprès d'échauguettes où la sentinelle montait sa garde, veillant sur le large d'où l'ennemi arrivait si fréquemment jadis, envoyant de ses escadrilles, en guise de dragées, une pluie de boulets et de grenaille, denrée que les Malouins savaient si bien revendre à la première occasion dès que la guerre dont ils vivaient, qu'ils appelaient de leurs vœux comme le paysan appelle parfois la pluie, leur permettait de faire cette course à la fois aventureuse et lucrative, mêlée de hauts et de bas.

Face à l'Océan, on n'est pas moins sollicité. Les barques de pêcheurs promènent entre les îlots et les fortins qui complètent la défense à plusieurs lieues en avant de la côte, entre lesquels se distinguent *Cezembre*, le plus considérable, le *Grand-Bey*, le *Petit-Bey* et le fort *National*. Sur la plage de sable fin qui s'étale unie entre les roches, des bandes joyeuses d'enfants pourchassent le crabe et la crevette ou recueillent les algues dont on fait ici de si ravissants albums. Mais quand au bout du bastion qui domine la jetée semi-circulaire et son phare, on se trouve à cette extrémité circulaire de la terrasse du rempart, on a sur la côte où Dinard étage ses coquettes villas et ses jardins, sur l'entrée de la rade, sur l'embouchure de cette Rance tant célébrée et sur Saint-Servan qui forme le sommet de ce triangle de villes voisines et rivales, une des plus belles échappées de vue qu'il soit possible de rencontrer. La nature a merveilleusement fait les choses dans ce coin que par hasard la main de l'homme a fait valoir encore de la plus heureuse manière. Au tournant, le rempart suit parallèlement le port et les quais ; et si du Saint-Malo d'autrefois il reste ici cette façade imposante de maisons d'armateurs du XVIIe et du XVIIIe siècle, uniforme, régulière, monumentale, aux hautes cheminées, aux grandes fenêtres, aux combles ardoisés, avec des mascarons aux clés de voûte, et la plus belle porte de Saint-Malo, où sont les flûtes des corsaires, les galions capturés, les vaisseaux de haut bord, les lourds navires de commerce qui allaient aux colonies chercher les épices ?..... Dans ces noires ruelles, le soir tombant, à cette heure où jadis les dogues (¹), lâchés au couvre-

---

(¹) Il arrive parfois encore de nos jours que, dans la rue, les enfants terribles, au passage d'un monsieur qui paraît manquer de mollets, lui crient aux oreilles en le poursuivant : « Regarde celui-là qui revient de Saint-Malo ! »..... C'est un vieux souvenir qui est resté jusque dans notre Midi du temps où la patrouille canine, dont Saint-Malo s'enorgueillit au point de porter dans ses armoiries : d'argent à un dogue de gueules, était si terrible aux mollets des attardés.

feu sonné par la *Moguette*, promenaient sur le port désert leurs appétits voraces, faisaient une ronde major qui suffisait à la garde des remparts, les cabarets ne retentissent plus des orgies monstres et des pantagruéliques ripailles de ces hommes de mer redevenus un instant bons drilles et goûtant en hâte à toutes les satisfactions brutales d'une existence qui, chaque jour pour eux, pouvait être sans lendemain. Grossièrement, bruyamment, gaiement, ils jetaient et gaspillaient à poignées cet or des galions gagné en mer, ces parts de prise fantastiques, tandis que les armateurs élevaient ces hôtels monumentaux, maintenaient les chantiers de construction de Saint-Servan dans une fièvre d'activité, et, se syndiquant, mandaient Vauban pour cerner à leurs frais leur nid de corsaires d'une enceinte de murailles et de bastions. L'initiative privée se développa rarement en tous sens à un tel degré à une époque où plus qu'à aucune autre peut-être on attendait tout du pouvoir royal, et jamais non plus elle n'en recueillit plus rapidement des résultats qui furent au delà de toute espérance. Et cela dura longtemps; après les guerres maritimes de Louis XIV, celles de Louis XV, celles si glorieuses de la première République, et enfin, clôturant cette ère d'exploits extraordinaires, la course fameuse organisée par le premier Empire où Surcouf se montra le digne et illustre enfant d'une cité qui n'en était plus à compter ses hommes de mer!

Quel changement aujourd'hui dans ce port où fréquentent surtout les caboteurs et les morutiers, où les grands bassins construits par l'État sont vides, sollicitant en vain un commerce qui ne s'établit pas, où les mâtures sont clairsemées, où les quais superbes paraissent trop vastes et comme disproportionnés en présence de la rade quasi vide!.... Les *Djinns* seraient-ils passés par là soufflant leur haleine desséchante? En face de ce dépérissement que le souvenir d'un passé fameux rend plus cuisant, faut-il que les vers du poète nous viennent aux lèvres?

Murs, ville	Tout dort.
Et port,	. . . .
Asile	Tout fuit,
De mort,	Tout passe,
Mer grise,	L'espace
Où brise	Efface
La brise,	Le bruit!

Notes de mon carnet : *Au Grand-Bey.* — J'ai pieusement cueilli dans la maigre bordure d'herbes folles qui a réussi à pousser entre la grille de fer forgé et la pierre tumulaire, quelques touffes de ces fleurettes des champs si simples que notre pied s'accoutume à les fouler sans y prendre garde, que dédaigne notre œil habitué à la recherche des larges et claires efflorescences.

Mais voilà que j'aime mieux ainsi ce bouquet, qui n'en est pas un, fait de brindilles rabougries par le vent du large ; il ne vaut à mes yeux, et ne vaudra jamais, que par le souvenir qui s'y rattache de cette cueillette mystique qui s'en ira faner dans les pages de mon *Génie du Christianisme,* des *Martyrs* et d'*Atala.* De lui, comme de ces fragments quelconques de marbre, de pierre ou de brique qu'on accuse les Anglais de rapporter de leurs voyages, cassures faites par un marteau profane à quelque monument de la Haute-Égypte, à quelque frise du Parthénon, à quelque roc. Je les comprends maintenant, ces maniaques qui n'en sont pas : le bris suggestif étiqueté évoque en eux le monument lui-même, l'heure, le lieu, le temps qu'il faisait, comme demain cela me redonnera l'inoubliable et photographique vision de cette tombe sévère autant que modeste, un point dans cette immensité, placée à l'extrême avancement de

TOMBEAU DE CHATEAUBRIAND.

ce bloc de granit au-dessous duquel la vague qui a creusé affecte de sourds mugissements. Pas une inscription, pas même un nom! celui qui dort là ne l'a pas voulu. Est-ce par une suprême coquetterie, par un suprême orgueil d'outre-tombe, pour jeter un défi à l'oubli des hommes? Est-ce que son âme chrétienne a voulu racheter par un excès d'humilité ce brillant passage dans la vie qui ne fut pas sans quelque ostentation? Qui le dira?...

Ce que je sais, c'est qu'à toute une phalange d'hommes il a donné les plus nobles aspirations vers l'idéal; c'est que nul n'a eu de plus sublimes envolées; c'est que son génie, qui a lourdement pesé sur toute une moitié de siècle, influera longuement encore sur les postérités qui le liront. Que d'autres lui doivent, comme nous, leurs premiers bégaiements littéraires, leurs primes et timides essais, car nous fûmes d'une génération qui s'abreuva encore à cette pure source. C'est pourquoi nul n'a abordé et foulé avec plus d'émotion que nous, cette terre qui enferme les restes du grand Chateaubriand.

Tantôt, dans une chambre d'un hôtel qui en a fait une chambre réclame, un élément de son exploitation, on nous a montré un lit, une table, quelques meubles; on nous les a donnés comme ayant composé l'appartement du grand écrivain. Il n'y a peut-être là qu'un attrape naïfs. Comme ces fleurettes nous disent plus! et sur nos lèvres le fredon de cette douce mélodie qui, dans la nef de la cathédrale, s'échappa de dix mille poitrines émues le jour des funérailles, fleur de poésie délicate comme cette frêle sœur, cette Lucile tant aimée qui en fut l'inspiratrice :

> Combien j'ai douce souvenance
> Du joli lieu de ma naissance !
> Ma sœur, qu'ils étaient beaux les jours
>   De France !
> O mon pays, sois mes amours
>   Toujours !

. . . .

> Ma sœur, te souvient-il encore
> Du château que baignait la Dore ?
> Et de cette tant vieille tour
>   Du Maure
> Où l'airain sonnait le retour
>   Du jour ?

> Te souvient-il du lac tranquille
> Qu'effleurait l'hirondelle agile,
> Du vent qui courbait le roseau
>   Mobile,
> Et du soleil couchant sur l'eau
>   Si beau !

. . . .

> Leur souvenir fait tous les jours
>   Ma peine :
> Mon pays sera mes amours
>   Toujours !

Mes regards cherchent sans la trouver, dans la ligne des maisons qui dépasse le rempart, cette petite fenêtre grillée du couvent où René sur le point de jeter à la terre de France un dernier adieu, seul, dans la nuit, sur le rivage désert et retentissant, guettait les tremblottements d'une lumière allumée dans la cellule où son Amélie prosternée priait Dieu pour lui, abîmée en sa douleur.

Et je m'en reviens avec un peu de cette mélancolie rêveuse que nous donnait sur nos vingt ans la lecture du chantre immortel de *René* et d'*Atala*, pressant dans mon album les chères fleurettes de la tombe...

... Nous avons enfin pu nous arracher à Saint-Malo et parcourir ses alentours; à deux pas, c'est *Paramé*, une belle, une vaste plage de sable, un cordon de villas qui n'en finit pas, toutes plus élégantes, plus originales les unes que les autres, avec un Casino qui est à lui seul un monde. Sur le sable, alignées, blanches, bleues, vertes, roses, bariolées, les portes des cabines s'ouvrent et se ferment, car c'est l'heure du bain; il y a des groupes de toilettes claires, des ombrelles éclatantes, des chaises-abri, des tentes, tout ce qui anime enfin une plage moderne où fréquente la fashion !

Paramé, Dinard, l'un à droite, l'autre à gauche de Saint-Malo, doivent se faire une terrible concurrence. Mais que j'aime mieux encore ce dernier, où le vapeur nous a déposés au pied d'une cale montante, avec ses escaliers, ses étages de verdure, sa côte qui domine l'Océan et par ailleurs abrite la ville dans un creux, Dinard sur la mer et sur la Rance, en face de Saint-Servan, d'où l'on plonge sur les méandres capricieux de la rivière et sur les vallonnements boisés des côtes qui vont se perdant dans le bleu du lointain !

... Saint-Servan. — On nous a dit que Saint-Servan était le type de ces petites villes de province silencieuses et moroses, où la vie est toute en dedans, avec ce calme spécial aux quartiers qui possèdent beaucoup de couvents. Il n'en est toujours pas ainsi les jours de marché, car nous circulons au milieu d'une grande animation. Il est vrai qu'elle va s'éteignant peu à peu tandis que nous nous enfonçons dans les ruelles où il y a toujours de vieilles maisons à regarder.

et parfois quelque vieil hôtel imposant du XVIIe siècle. Nos pas nous mènent vers la plage où nous suivons, au pied des rochers

TOUR SOLIDOR.

couronnés de maisons et de jardins aux murs bas, l'anse des *Bas-Sablons* et le *Port-Saint-Père*. Dans une ligne d'ombre au pied de la superbe tour *Solidor*, dont les assises baignent dans la Rance, une tour faite de trois autres accolées, ce qui lui donne le plus étrange aspect, nous nous laissons aller à admirer encore le ravissant décor. Tout cela vu en quelques quarts d'heure, c'est-à-dire un peu à la hâte, et sur le coup de midi nous regagnons sous un soleil de feu les quais de Saint-Malo, où nous dépose une ingénieuse plate-forme mue par une chaîne sans fin à travers les flots au-dessus desquels elle nous a portés.

LA PLATE-FORME ROULANTE.

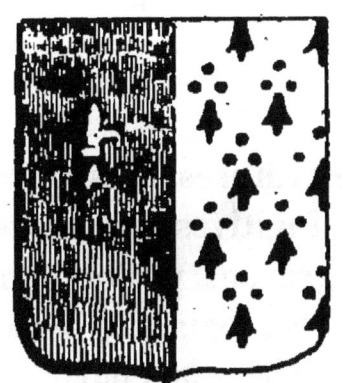

ARMES DE BREST.

DINAN

Il est de ces impressions purement extérieures qui, si fugitives et passagères qu'elles aient été, se gravent profondément dans la mémoire visuelle; mais elle seule aussi nous peut restituer avec son charme, sa couleur, son contour, la netteté des premiers plans ou le doux effacement des lointains dont les lignes se perdent dans une harmonieuse demi-teinte, cette infinie variété de sites, d'aspects et de points de vue qu'offre par exemple la rapide remontée d'un fleuve ou d'une rivière faite en vapeur, entre deux rives qui fuient, ces rives fussent-elles celles de la Rance tant chantée!

Il en est de cette excursion sur la Rance comme de ces spectacles dont on ne voudrait jamais voir la fin, comme de ces motifs d'opéra aussitôt aimés que vous voudriez encore et toujours entendre avec la voix de l'acteur et qui vous laissent autant de regret qu'ils vous ont causé de plaisir. En sorte que l'heure du débarquement serait arrivée trop tôt si, au point terminus de cette unique promenade, Dinan, avec son romantique et frais décor ne posait par-dessus l'obstacle de son pont gothique aux arcs surbaissés, les arches aériennes et légères de son gigantesque viaduc, trait d'union entre les deux coteaux dans la gorge desquels se creuse un val adorable de poésie et de rusticité. La vieille ruine et la moderne œuvre d'art se mirent entre les peupliers et les saulaies, avec les linges étendus, les maisons, les toits et les fumées qui s'en échappent, les nuages qui passent et l'oiseau qui traverse dans le calme et limpide miroir de la Rance; les prairies plates et grasses viennent mourir au ras de l'eau dans une bordure de joncs et de roseaux; partout des femmes aux blanches coiffes lavent et savonnent dans un concert rustique de coups de battoirs; les bestiaux au pacage, que la sirène du vapeur étonne, nous fixent avec de gros yeux sans expression ; de grosses et lourdes gabares, ridiculement bariolées, glissent, portant toute une maisonnée; d'autres sont à quai le long d'une cale, et nous y débarquons au milieu d'une triple haie de mendiants et

ARRIVÉE A DINAN.

d'écloppés encore moins féroces que les cochers et les garçons d'hôtels, auxquels il nous faut disputer notre bagage.

En cette paisible et triste ville de province, et par un bonheur qui contribue à son originalité, vous ne trouverez pas de ces grandes percées, de ces larges voies pratiquées dans l'éventrement des vieux quartiers. On n'a pas « hausmannisé » à Dinan, et Dieu veuille que cette besogne ne tente pas de longtemps, au nom de l'hygiène, un édile soucieux d'acquérir une gloire qui ne serait faite que de coups sacrilèges portés à des reliques que le temps *edace* se chargera bien à lui seul d'attaquer. Les boutiques y sont demeurées modestes, sombres sous les auvents ou les étages supportés en avancement par des piliers de bois. Là se devinent des existences laborieuses, mais monotones et sans horizon, d'artisans et de bourgeois enfermés dans les venelles étroites tôt envahies par l'ombre, et tout, par un de ces contrastes que notre siècle, nos mœurs, notre état social accusent davantage, vous ramène sans cesse et comme à plaisir à ces temps troublés où la conscience humaine ne s'était pas encore mise en révolte ouverte contre la force et la surprise.

Durant la période féodale on guerroya ferme à Dinan dont le château subit les sorts les plus divers, tantôt victorieux et tantôt démantelé, rasé, voire même brûlé, mais toujours aussi relevé par ses vicomtes ou ses barons, plus solide à l'épreuve, jusqu'aux guerres plus modernes de la *Succession* où la Bretagne entière se divisa en deux camps selon qu'elle tenait pour Charles de Blois ou Jean de Montfort. Dinan prit fait et cause contre ce dernier. Une armée anglaise que Thomas d'Edgeworth conduisit sous ses murs la réduisit sans ébranler sa fidélité à la cause embrassée. Les ruines étaient déjà réparées lorsque quinze ans plus tard le duc de Lancaster, appelé par de Montfort, l'assiégea à nouveau. La place du *Champ* où s'élève actuellement la statue du vaillant Du Guesclin, perpétue un épisode de cette mémorable et glorieuse défense. Le connétable s'était à temps faufilé dans la ville avec cinq cents hommes d'armes, et si faible que fût ce secours, la valeur déjà fameuse de son chef l'avait rendu précieux. Néanmoins, après une héroïque résistance mêlée de revers et de succès, les sorties étaient devenues impossibles et ce qui restait d'hommes valides suffisait à peine à la défense des tours et des remparts, où la brèche avait été faite en maints endroits. Un ennemi plus terrible encore que celui du dehors avait fait intrusion dans la place, et la famine guettait les loyaux alliés de

Charles de Blois, amenant la perspective d'une capitulation. L'Anglais, à son tour, comprit que mieux encore valait laisser faire le temps et se borna à rendre plus étroit le cercle de son investissement. On dut négocier ; encore la reddition, bien que décidée en principe, ne fut-elle faite qu'à terme, si, un délai expiré, des secours n'avaient pas pénétré dans la place. C'est au cours de cette suspension d'armes, qu'au mépris de la trêve, un seigneur de la suite du duc de Lancaster, Thomas de Canterbury, fit prisonnier le propre frère de Du Guesclin. Par une de ces prouesses chevaleresques qui caractérisent bien les hommes de cette époque, Bertrand Du Guesclin se rend sans tarder au camp anglais et, devant le duc, accuse de félonie Thomas de Canterbury, auquel il lance son défi et le provoque, en combat singulier sur cette place du Champ, où, par le grand soleil qu'il faisait le jour que nous la traversâmes, de bons vieux, à l'ombre de jeunes arbres empoussiérés, causaient sur les bancs, la canne entre leurs jambes.

Un duel de ce genre n'allait pas sans un cérémonial minutieusement réglé par les codes de la chevalerie ou les coutumes ; il se faisait en grand apparat, au milieu du concours des populations toujours friandes d'un pareil spectacle, tandis que sur les tribunes se pressaient les nobles dames, dont le cœur palpitait d'émoi, aux côtés de la noblesse. On sait le rôle du juge du camp, des hérauts d'armes; mais, en dépit de la solennité des apparats, les oriflammes, les fanions aux couleurs gaies, les éclats des trompettes paraissent avoir donné un air de fête à ces combats sanglants et souvent à mort. Cela dut évidemment faire une diversion momentanée à la détresse des Dinanais; l'attente de la victoire de leur champion dut les distraire de leur propre misère. Au jour dit, le duc de Lancaster, escorté de ses gentilshommes, fit son entrée dans la ville, non sans avoir donné plèges et otages. Le duel fut terrible, meurtriers les coups que porta Du Guesclin à son adversaire; l'issue eût été fatale si l'on n'eût arraché Canterbury à la mort certaine qui l'attendait; il fut relevé couvert de poussière et de sang, à peu près inanimé. Les opérations traînèrent à la suite, et, par un coup du sort inespéré, les Anglais durent lever le siège alors que Dinan était à la dernière extrémité.

Ces héroïques faits d'armes touchaient à l'ordinaire le cœur d'une belle; sa main était souvent la récompense du vainqueur, auquel les couleurs de sa dame n'avaient pas été sans porter bonheur, talisman précieux auquel la bonne Vierge Marie, toujours invoquée, souriait avec indulgence. Ces prouesses étaient d'autant plus hardies que l'amour les enflammait. C'est aussi par un de ces romans amoureux que se termina ce tragique incident. La valeur de Du Guesclin encore plus que ses dehors, que les historiographes du temps nous représentent comme très ingrats, avaient séduit une belle damoiselle de Dinan, cette Tiphaine Raguenel qui devint sa compagne à la suite de son éclatant triomphe et qui lut la destinée et les exploits de son époux dans les astres. Nulle ne s'entendait mieux qu'elle à démêler leurs secrètes influences en un temps où l'on crut fermement à l'astrologie. Poétique figure, noble femme que la grande histoire n'a pas coutume d'associer au vaillant Breton et dont il nous reste, comme si nous en avions eu jamais un vrai reflet, l'impression que nous donna, dans le panorama du mont Saint-Michel, la vision de ce couple étroitement enlacé, les yeux plongés dans le noir firmament où brillent des étoiles, enveloppés d'une lumière sidérale, elle très blonde, très fine, très élancée dans sa longue jupe blanche brodée d'or, et lui confiant, vigoureux, la soutenant dans ses bras puissants, se laissant prédire cette gloire que lui réservait la postérité aux côtés de Bayard et de Jeanne d'Arc !

La statue de Du Guesclin, bien que quelconque, car elle est d'une médiocre inspiration, a du moins ce mérite de témoigner de la reconnaissance de la postérité, placée sur cette promenade qui ne s'anime plus qu'aux jours de marché, alors encombrée de charrettes, de bétail, de tentes et de baraquettes de marchands forains aux étalages voyants.

Dinan traversa encore de pénibles péripéties durant la période agitée et barbare de la Ligue ; de 1634 à 1727, les États de Bretagne ne se tinrent pas moins de huit fois dans ses murs ; et puis, comme partout dans notre France, l'œuvre d'apaisement se fit.

Donc, de tout ce qui avait contribué à faire de Dinan une de ces places fortes que le duc de Bretagne, les Anglais, les Valois et les Montfort, les Ligueurs ou les Français se disputèrent tour à tour pendant des siècles, et non sans grand dommage pour les pauvres populations, plus rien ne subsiste depuis longtemps. Néanmoins Dinan a conservé son enceinte féodale dans sa presque totalité, un peu moins pittoresque peut-être que celle de Fougères, mais combien intéressante encore sous l'envahissement des lierres qui la recouvrent par grands pans, avec des portes flanquées de grosses tours vides de leurs herses et chaînes, comme des poutres des ponts-levis dont les rainures suffisent à rappeler l'existence primitive. Tandis que de l'emplacement de l'ancienne *porte de Brest* jusqu'au *Château*, la ruine les a fortement attaqués, que la pierre s'effrite, que les murailles se bossellent ou s'affaissent jusqu'au ras des fossés dans un écroulement, que les cimes démantelées sur lesquelles s'appuient des jardinets, des bâtisses, des cabanons, des balustrades, affectent des sinuosités et des dentelures bizarres, ils ont à peu près tout gardé de leur caractère vers la *porte de Jerzual* et sur toute la façade orientale de la ville, grâce sans doute aux escarpements de la côte qui dégringole abrupte et boisée jusque dans la Rance, dominant ici l'étroite vallée de près de quatre-vingts mètres de hauteur. De la

PORTE SAINT-MALO.

promenade qui suit leur crête on a sur Lanvalley, en face, sur les lointains et la plaine de la Rance qui coule très claire sous le reflet du ciel, entre ses bords charmants, une magique échappée de vue.

La nature servit à merveille de ce côté le travail de défense de l'homme, qui n'eut qu'à profiter de son secours; c'est pourquoi la mutilation n'est pas par ici, d'où les assauts n'étaient pas à redouter.

A côté du nombre relativement élevé des tours, car il n'y en avait pas moins de vingt-quatre pour protéger les courtines sur un développement de deux mille sept cents mètres, la rareté des portes est à noter, sans doute par la crainte de multiplier les points faibles et les accès. Il n'y en avait que quatre : celles de *Saint-Malo*, de *Saint-Louis*, de *Jerzual*, les seules qui aient été conservées, avec celle de *Brest*, par où Dinan a gagné sur la plaine.

Complétant la défense, le *Château*, qui est du xive siècle (1382-87), occupe un angle de la ville, comme celui de Vitré, par une disposition qui se retrouve fréquemment. En avant du château proprement dit, la tour de *Coëtquen*, qui appartient à la ceinture des fortifications, arrête l'attention par ses belles proportions, et l'on n'arrive au pied du *Donjon de la reine Anne* qu'après une traversée de cours basses et de ponts jetés entre les fossés s'amorçant à un ravelin isolé.

Bien remarquable donjon, non pas tant pour son imposante masse, dont le massif n'exclut certes point l'élégance, et ses su-

DONJON DE LA REINE ANNE.

perbes machicoulis au-dessus desquels les gargouilles s'avancent dans le vide, que pour sa forme ovalaire excessivement rare. Bien que transformé en prison, on y montre les vieux cachots, les cuisines et la *salle à manger* des barons, la *salle du Duc*, avec sa vaste cheminée, la *salle des Gardes*, une *chapelle* où la reine Anne eut un siège de pierre encore bien conservé que la tradition lui attribue, la *chambre du Connétable*, tout en haut, proche une autre salle ayant servi d'arsenal à la garnison du château. Les cent quarante-huit marches d'un admirable escalier à vis qu'il a fallu gravir vous ont porté au faîte du donjon, à trente-cinq mètres de hauteur ; on plonge sur les sommets de la ville hérissés de pignons aigus et de girouettes, sur sa banlieue riante, sur les remparts où les jardins dévalent sur le derrière des habitations, sur la promenade ombreuse qui suit l'ancienne ligne des fossés comblés : vue de Dinan à vol d'oiseau.

Les souvenirs récents mènent aux plus anciens, et ceux qui s'attachent aux donjons ne sont pas précisément des plus folâtres. C'est dans le donjon de la reine Anne qu'en 1797 fut renfermé un aventurier qui, sous le nom d'emprunt de comte d'Egmont, avait ouvert cette série de faux fils du malheureux Louis XVI ; que vingt ans auparavant, la présence de 2,000 prisonniers anglais engendra une peste dont la ville fut désolée; que la reine Anne habita en 1507 étant de passage; que le sanguinaire Olivier de Clisson établit son repaire en 1372, ou tout au moins dans le château de l'époque.

Voilà pour le Dinan guerrier d'antan.

En dehors de ses beaux points de vue et de son viaduc, Dinan, avec son calme de petite ville de province intérieure qu'aucun grand commerce n'anime, ne retiendrait pas outre mesure le touriste s'il n'avait à se rabattre sur les curiosités archéologiques que dans chaque quartier presque chaque maison lui offre comme à l'envi. Tâchons donc d'être complet.

Les pas du promeneur se portent assez communément tout d'abord vers les églises, assuré qu'il est d'y trouver presque toujours à glaner. Les deux édifices religieux de Dinan, *Saint-Sauveur* et *Saint-Malo*, méritent à tous égards d'être sérieusement examinés.

En vous offrant des leçons de choses autrement intéressantes et instructives que de plus ou moins fidèles reproductions gravées, — qu'il n'est d'ailleurs pas toujours facile de se procurer, — les voyages ont cet agrément de vous permettre d'utiles comparaisons, de précieux rapprochements par la variété des types, comme de mieux saisir les époques, leurs styles, leurs tendances, leurs manifestations diverses. Si cela est indispensable pour compléter une éducation au point de vue artistique, on en retire en outre toutes sortes de jouissances absolument intimes et personnelles et de l'ordre le plus élevé.

Sur l'église Saint-Sauveur, par exemple, on peut suivre sur la pierre les apports successifs des siècles et les styles qu'ils ont greffés les uns sur les autres ou à côté les uns des autres, selon que l'église s'accroissait d'une travée, qu'une restauration devenait nécessaire ou qu'une réfection partielle s'imposait. Ils sont d'ailleurs légion, ces monuments dont on peut suivre le lent développement, parfois partis d'une simple chapelle romane du ve ou du vi[e] siècle et s'épanouissant finalement en une cathédrale gothique, par exemple. Car les artistes d'autrefois ne paraissent pas avoir eu bien prononcé le sentiment de la fidélité historique et de la restitution. Une restauration était toujours une réfection totale pour eux; hommes de leur époque, habitués uniquement à reproduire le style de leur temps, flamboyant, ogival ou renaissance, ils ne savaient pas s'arracher à leur art journalier pour conserver, en un respect de l'œuvre, à une façade romane ou gothique son caractère primitif. Voilà évidemment ce qui explique dans un même monument ces séries d'ajoutiers et de placards qui en détruisent souvent l'harmonie, l'équilibre ou l'unité, mais ne vous en offrent pas moins, à tout prendre, d'intéressants échantillons et des morceaux d'époques et d'arts dissemblables et bien tranchés dans leur conception idéale du beau comme dans leur exécution.

Style roman, style gothique sont mélangés dans l'église Saint-Sauveur, sans parler de l'étrange clocher d'ardoises aux étages successivement en retrait dont la tour carrée a été affublée au cours du XVIIIe siècle, offrant un lien de parenté avec le lanternon de la *Tour de l'Horloge*. Tandis qu'à droite le roman domine, à gauche, c'est l'ogive; et cet amalgame vient se fondre dans la façade principale où, par-dessous une grande fenêtre flamboyante aux enchevêtrements gracieux, le portail central s'ouvre entre deux arcades à plein cintre comme lui, mais aveugles, avec des arcatures géminées et des archivoltes d'un travail très fouillé reposant sur des colonnes torses; le tympan sculpté représente un Christ hiératique bénissant.

Ce roman, pour n'être pas aussi riche et fleuri que celui de Notre-Dame à Poitiers, ou de la cathédrale d'Angoulême, est encore d'un fort beau caractère; partout dans l'église, à l'extérieur comme à l'intérieur, on retrouve cette alternance des deux styles. Au chevet, il y a une série de colonnes dont les chapiteaux sont particulièrement fins et soignés, nous amenant déjà aux premières années du XVIe siècle qui est le plus beau moment du gothique en Bretagne. Mais l'originalité de Saint-Sauveur réside dans la disposition architecturale affectée sur le mur sud qui appartient au XIIe siècle, et trop bien décrite dans le guide Joanne pour que nous y ajoutions ou retranchions quoi que ce soit : « Six travées, séparées dans toute la
» hauteur du mur par des colonnes à cha-
» piteaux; la partie inférieure de chaque
» travée offre deux belles arcatures; la partie
» supérieure est occupée par trois arcades,
» dont l'une percée d'une fenêtre en plein
» cintre et les deux autres formant niche.

» Le tout est couronné d'une corniche à
» modillons. »

Il n'est pas de chapelle à l'intérieur qui ne renferme vitrail, toile ou tombeau ; dans le transept de gauche se trouve le cénotaphe de Du Guesclin où le cœur du héros est contenu ; sur le marbre blanc le blason est grossièrement sculpté : un aigle aux pennes étendues avec une cotice, assorti d'une inscription en caractères gothiques dont la facture n'est pas moins fruste. Le nom de Du Guesclin y est ainsi relevé : Bertran du Gueaqui.

Plus récente, avons-nous déjà dit, est l'église Saint-Malo. Bien que datant du xve siècle seulement, elle a dû être, il y a quelque quarante ans, l'objet d'une restauration qui s'est étendue à presque toutes ses parties. La nef, très éclairée, a de belles proportions ; les tableaux ne manquent pas ; le pourtour du chœur est fort riche, le maître-autel à baldaquin du xviiie siècle est luxueux lui-même. L'église Saint-Malo possède, comme celle de Saint-Sauveur, des crédences sculptées à même dans la pierre des murailles, toutes très ouvragées et délicates, soit dans les chapelles, soit dans les bas-côtés du chœur. A l'entrée de l'église, un bénitier du XVe siècle, qui a servi de fonts baptismaux, dit-on, retient l'attention par l'intense expression de douleur donnée par l'artiste à la tête du malheureux figurant sans doute le démon ou le péché qui porte sur ses épaules la vasque où les mains vont chercher l'eau bénite. Il y a une telle souffrance dans les traits du personnage que l'on en garde un instant l'obsession comme d'une pénible réalité entrevue.

Combien agréable cette société que nous recherchons de ces hôtels, de ces vieilles maisons branlantes, pleines d'incohérence, dont pas une ne ressemble à sa voisine, et pour la recherche desquelles nous avons fui les bruits des grandes villes, leurs tumultes, leurs fumées âcres, leurs usines et jusqu'à notre appartement dans l'intimité duquel nous nous replongerons avec délices, finis les beaux jours des vacances !

Ce n'est pas que dans notre fringale de sujets d'admiration rétrospective nos yeux demeurent, comme par système, fermés aux progrès modernes de l'industrie ou des arts. Que ne leur devons-nous pas au point de vue de notre bien-être, du confortable de nos intérieurs, des jouissances matérielles que nous procurent la simplification des procédés de fabrication, la surabondance de toutes choses ! Il y a partout, jusque dans les quartiers populaires, dans les échoppes comme sur les personnes elles-mêmes, un air d'aisance répandu tel que jamais on n'en a connu de semblable, et cela a bien tout son prix. Le méconnaître serait vouloir quand même retarder sur son temps ; c'est pourquoi, faites ces réserves nécessaires, si nous nous plaçons au point de vue purement subjectif, quelque chose cependant nous paraît avoir perdu à ce renouvellement. C'est l'art, que l'industrie, par la force même des circonstances et des exigences nouvelles, du commerce et des temps, a supplanté un peu partout. Prenez un de ces plats de faïence, Rouen, Nevers ou Bordeaux ou Moustiers, qui font l'ornement de nos collections ; prenez une buire ciselée, prenez un bahut, et je cite au hasard : vous retrouvez dans chacune de ces productions, en outre d'une recherche artistique propre, la personnalité de l'ouvrier qui les a produites. Elle s'accusera encore dans toutes les pièces similaires sorties de la même main que vous pourrez leur comparer, parce que le moule, la machine qui pousse les moulures ou le tour n'existaient pas. D'autre part, en ce qui concerne le mobilier plus spécialement, on faisait d'autant plus solide, le choix de la matière s'alliait avec d'autant plus d'intelligence au fini du travail que la production restreinte par le temps qu'exigeait la simplicité des moyens pour mettre en œuvre, comme le peu de perfectionnement et de variété des outils, commandait le souci de faire beau et dans tous les cas durable.

De même pour la maison. Le père de famille qui faisait édifier, l'ouvrier qu'il employait se laissaient aller à leur fantaisie; on n'avait cure de symétrie et d'alignement alors qu'aujourd'hui nous en avons la fièvre, par un intérêt que justifient au reste la liberté nécessaire de la voie publique, la multiplicité des locataires dans les maisons, la substitution de la pierre au bois, les exigences multiples de notre existence contemporaine, l'effacement des individualismes dans le moule uniforme de l'administration et de la vie publique. Joignez-y les concurrences, la cherté de la main-d'œuvre, la qualité inférieure de la matière première

TOUR DE L'HORLOGE.

et la disparition de corps d'états privilégiés.

Tout donc s'explique. Mais enfin il y avait de l'art à profusion là où il n'y en a plus trace aujourd'hui. Le bourgeois plaçait l'image de son patron au-dessus de la clé de voûte de sa porte, ou dans une niche, ou encore, lorsqu'il ne la faisait pas sculpter dans la pierre, il la voulait taillée et peinte dans le bois d'une maîtresse poutre, entre les colombages. Les têtes des solives étaient travaillées elles-mêmes, les lucarnes avaient des coquetteries, les ardoises affectaient de menus dessins, des écailles, des losanges, des rosaces; les pignons étaient enjolivés d'épis de faîtière; les girouettes, avec leurs monstres grimaçants, l'enseigne du boutiquier en fer forgé avaient leur recherche propre. Je ne parle pas des hôtels des nobles. Chaque logis avait ainsi son originalité, et c'est ce qui fait nos délices lorsque nous déambulons au travers de ces rues de Dinan que nous suivons une à une avec émerveillement : *rue de la Larderie, rue et place de l'Apport, rue de la Haute-Voie, rue de Lehon, rue de la Ferronnerie. Rue de l'Horloge* s'enlève au-dessus des maisons, élancée et fine à concurrencer le clocher de Saint-Sauveur, la flèche de la *tour* carrée de *l'Horloge*, don de la reine Anne à ses bons

Dinanais que commémorent des vers placés sur son timbre. Et puis c'est la *rue de Jerzual*

PORTE JERZUAL.

avec sa *porte,* la plus incohérente, la plus bizarre, la plus étrange de toutes et d'une descente à tel point rapide que l'on marche prudemment sur les gros cailloux qui font pavé, les coudes en arrière et le torse renversé.

Nous en avons déjà vu de ces quartiers tout entiers conservés, à Vitré, à Fougères, un peu à Saint-Malo; nous en reverrons à Morlaix et à Auray; mais chaque ville avait son genre de construction bien à elle, de type dissemblable.

A Dinan, ce qui domine, ce sont les maisons dont les étages en encorbellement avec saillies puissantes reposent sur de gros piliers sous lesquels une autre voie passe, parallèle à la rue, ce que dans le Midi on appelle une cornière, passage vite envahi par l'ombre et sorte d'avant-magasin de la boutique qui est en retrait et en contre-bas, car on y descend presque toujours par quelques marches.

Sans doute l'air doit manquer dans ces rues étroites; par les grosses chaleurs d'été l'atmosphère y est étouffante, surchauffée par la réverbération des ardoises et des verrières. Mais le Dinanais a ses belles promenades et l'ombre de ses ormes séculaires à portée de sa main, le long des remparts, sur les fossés comblés, et sa verte banlieue. Des murs de sa ville il plonge sur des lointains admirables; à ses pieds un frais vallon et la rivière l'appellent. Jolie petite ville qui a bien gagné dans le passé son repos du présent.

ARMES DE MORLAIX.

MORLAIX

« *S'ils te mordent, mords-les,* » fière devise d'une ville qui put avec orgueil opposer dans ses armes son lion au léopard anglais à deux têtes. Que de pages à citer de sa chronique, que d'exploits inscrits au Livre d'or de la province armoricaine! Aussi Morlaix fut-elle de tous temps chère aux ducs de Bretagne par son inaltérable constance et sa fidélité que ni revers, ni représailles ne parvinrent jamais à ébranler. Aux funestes jours de la guerre de Succession, après les plus affreuses calamités, alors qu'il paraissait que toutes épreuves avaient été subies, la cause de Charles de Blois lui coûta encore la vie de cinquante de ses notables donnés en otage, que le cruel de Montfort fit pendre sous un fallacieux prétexte, au mépris du droit des gens. Au milieu des atrocités de ces luttes intestines, de ces guerres de seigneur à seigneur, sans merci, comme des massacres faits au nom des religions qui ensanglantèrent la Bretagne depuis les premiers âges barbares de la féodalité jusque bien après la Réforme, auxquels il n'y a d'ailleurs qu'une excuse et tout au moins une explication historique : ces fanatismes, dont nous ne nous sentons plus capables aujourd'hui, il nous plait de reposer notre plume sur quelques épisodes héroïques ou simplement gracieux. Ce sont ceux-là d'ailleurs, qu'entre tous, le populaire aime le mieux perpétuer.

Dans aucune autre ville de ses états, peut-être, Anne de Bretagne n'eut autant d'occasions d'éprouver plus sûrement l'affection de ses sujets et d'en recevoir les témoignages multipliés; nulle autre part, de notre temps encore, les souvenirs de la reine Anne ne sont demeurés plus nombreux et vivaces. Certes, elle fit bien des entrées dans ses places fortes de Bretagne qu'elle parcourut en tous sens et à maintes reprises, surtout aux temps difficiles qui suivirent la mort de son père François II, alors que harcelée par les Français victorieux et pour ainsi dire maîtres de la province, elle avait encore à faire face aux défections et aux trahisons de ses plus proches. Reine de France par deux fois, elle revint les visiter, notamment au lendemain du retour d'Italie de Louis XII; mais, partout triomphales, ces entrées ne furent certainement pas éclipsées par l'accueil enthousiaste de la ville de Morlaix, la pompe et l'apparat avec lesquels l'y reçurent le peuple et les chefs de la commune. Les moindres détails nous en sont parvenus. Une vieille estampe la représente escortée de ses pages, de ses seigneurs et de ses suivantes aux longues cornettes dont les voiles tombent à terre, recevant l'hommage et les clefs de la ville des mains des membres du Conseil de ville. Puis deux d'entre eux, agenouillés, tête nue, lui présentent un vaisseau en or massif, finement gréé, et une hermine apprivoisée. Délicate attention qui alla droit au cœur de la reine; elle prend la gente bestiole et, comme elle l'approche de son corsage, la voilà qui se glisse dans sa collerette. Cela n'est pas sans causer une sensation à la reine, qui la laisse paraître; et un Rohan de lui dire : « Que redoutez-vous, Madame, ce sont vos armes ! » Car l'hermine, dont Hoël avait créé l'ordre de chevalerie, avait été mise dans leurs armoiries par les ducs de Bretagne avec la tant fameuse devise : *Potius mori quam fœdari*, « Plutôt la mort que la trahison. » Quelques instants après, la reine, conduite aux Jacobins, dont il ne reste plus qu'une ruine, était haranguée par une belle jouvencelle du haut d'un arbre de Jessé où la généalogie d'Anne de Bretagne était figurée depuis Conan jusqu'à son père François II. Le signal des fêtes et des réjouissances était donné ensuite, et l'on s'amusa ferme à Morlaix en l'honneur de la bien-aimée duchesse.

Quelques années après, sous le règne de François Ier (1522), une escadrille de 60 voiles anglaises remonta la rivière de Morlaix dans le dessein de surprendre ses habitants et de mettre la ville à sac. Le hasard ou la trahison, d'aucuns affirment les deux, les servit à merveille. Ce jour-là, 4 juillet, se tenait à Noyal une foire qui, chaque année à pareille époque, attirait les bourgeois et les artisans de Morlaix, tandis que depuis la veille toute la noblesse avec ses hommes d'armes figurait à Guingamp dans une de ces revues du ban de la province appelées *monstres*.

Bien que la cité fût pour ainsi dire déserte et sans hommes valides ou armés, les Anglais, par surcroît de précaution, attendirent la nuit pour se répandre par les quartiers où ils jetèrent une panique telle qu'il n'y avait plus devant eux que des fuyards, des femmes ou des vieillards sans aucune défense. Comme ils s'attardaient au pillage dans la *Grand'rue*, une jeune chambrière, à la vigilance de qui ses maîtres avaient laissé la garde du logis, réunit quelques voisines, enlève avec elles la trappe de la cave et puis ouvre la vanne par laquelle les eaux de la rivière, jusque-là retenues, font irruption dans le sous-sol. Les Anglais avinés, ivres de sang et de luxure, se présentaient dans le corridor de la maison par deux, par trois, par quatre; arrivés sur le trou de trappe béant, ils culbutaient, et leurs vociférations s'achevaient en un cri d'agonie.

L'histoire rapporte qu'il en périt ainsi plus de quatre-vingts, jusqu'à ce que les Anglais, s'étant aperçus du stratagème, pussent pénétrer dans la maison, où leur fureur ne connut plus de bornes. Poursuivie d'étage en étage, l'héroïque chambrière, enfin rejointe sous les combles, est projetée de la lucarne sur la chaussée où elle s'écrasa. Dévouement d'une humble, sacrifice inutile qui ne s'élève assurément pas jusqu'au sublime des Geneviève ou des Jeanne Hachette sauvant les populations et les villes par leur intercession ou leur fureur guerrière, mais qui mérite bien de passer à la postérité. On en conserve pieusement le souvenir à Morlaix.

L' Anglais était d'ailleurs depuis longtemps devenu pour la côte du Léon un ennemi de tous les jours avec lequel il fallait d'autant plus compter que le flot l'apportait à l'improviste et silencieusement sous les murs des villes et des bourgs. Vint un moment où les surprises devinrent si pénibles qu'il fallut songer à se défendre sur cet élément même qui faisait leur force. Les Morlaisiens édifièrent à cet effet et à leurs frais, sur un îlot désert commandant l'entrée de leur rivière, ce fort d'arrêt du *Taureau* qui subsiste encore. Le chantier de construction du *Dordu* se trouva du même coup à l'abri; on y put mieux à l'aise construire et lancer les navires de course que depuis plusieurs

LE TAUREAU.

années on opposait aux flottes d'outre-Manche. C'est de là que la fameuse *Cordelière* avait pris la mer en 1513, sous le commandement de Portzmoguer, mieux connu sous le nom de Primauguet. Placée sous le patronage d'Anne de Bretagne qui lui avait donné le nom de celui de ses emblèmes devenu héraldiques qu'elle chérissait le plus en souvenir du veuvage de Charles VIII (¹), la *Cordelière* accomplit prouesses sur prouesses jusqu'au jour mémorable où il lui fallut

---

(¹) Dans un beau volume consacré au pays de Léon par le savant M. Du Cleuziou, et qui est d'un haut intérêt archéologique, nous relevons ces quelques lignes sur la *Cordelière :* « Après la mort de son premier mari, Charles VIII de France, Anne de Bretagne entoura le losange de son écusson de veuve d'une cordelière à nœuds imitant la ceinture des religieux de Saint-François. le patron de son glorieux père, et prit pour devise : *J'ai le corps délié*, ce qui était signification de son état. On en rit bien un peu, car des commentateurs médisants remarquèrent que la reine boitait légèrement de la jambe gauche et était un peu forte de la taille. Mais les sculpteurs et les peintres du temps la dédommagèrent de ces railleries en couvrant tous les murs de ses châteaux, tous les panneaux de ses verrières de la fameuse ceinture, gracieusement tortillée autour de ses hermines. Ce symbole lui plut tellement qu'elle créa pour les demoiselles de sa cour, qu'elle faisait élever dans son palais et qu'elle appelait *ses filles*, un ordre de chevalerie féminine appelé la *Cordelière*. Toutes se firent un honneur de paraître en public avec le collier de l'ordre posé sur leurs blanches épaules, et c'est depuis que les gentes pucelles d'Armorique cernent leurs blasons de ce fameux cordon si merveilleusement réhabilité par la duchesse.

» ... L'ordre de l'*Hermine* avait comme insigne le grand manteau d'escarlatte blanche *(sic)* dite herminienne, doublé de rouge incarnat avec mantelet et chaperon de même, et pour collier un cordon de soie blanche et noire au bout duquel pendait une hermine d'or passante au naturel, accolée de la jarretière flottante de Bretagne, avec la devise : *Kent. Mervet. Potius mori quam fœdari*, « Plutôt la mort que l'infamie, » cri de la petite bestelette blanche ou mustelle qui préfère se laisser prendre que de passer par un lieu infect où elle salirait sa belle peau. »

Les armes de Bretagne que représente notre gravure sont également reproduites d'après M. Du Cleuziou.

accepter le feu d'une forte flotte anglaise. Son commandant, sans essayer de chercher dans la fuite un salut qui n'eût été qu'une

ARMES DES DUCS DE BRETAGNE.

lâcheté à ses yeux, ordonna le branle-bas de combat. Mais bientôt la *Cordelière* était abordée par la *Régente,* qui, après lui avoir mis le feu en maints endroits, réussit à se séparer d'elle. Portzmoguer, puisque c'en est fait de sa frégate, de sa vie, de celle des siens, ne songe plus qu'à faire payer cher aux Anglais leur bonne fortune. Le vent le secondant, il met le cap droit sur la *Régente,* s'accroche à elle désespérément et saute avec, désespérant les Anglais par son acte de sauvage héroïsme.

Morlaix possède naturellement sa *maison de la reine Anne*. Elle ne se distingue guère de ses pareilles de la *rue des Nobles,* mais il est juste d'ajouter qu'elles sont toutes d'un grand caractère, très élevées, aux lignes puissantes, avec une infinité de détails de sculpture et d'ornementation à relever entre les colonnettes qui divisent les châssis des verrières de la façade, les montants de bois ouvragés, les solives sur lesquelles portent les avancées des étages et les figurines ou statuettes qui les enjolivent. Mais le luxe intérieur ne le cède en rien aux richesses des façades à Morlaix. Par une disposition spéciale que nous n'avions pas encore rencontrée, un grand espace vide et clair, sous la lumière qui tombe à flots de la lanterne pratiquée dans le toit, forme cour intérieure; les murs blancs montent de part et d'autre jusqu'au faîte de la maison, mais sur un

MAISON DE LA REINE ANNE.

des côtés intérieurs de cette cour, laissée en dehors du logis propre, il y a l'escalier. Et quels escaliers que ceux des maisons de Morlaix! A chaque étage ils envoient une de ces galeries de desserte appelées *ponts d'allée* où donnent les portes des appartements, et ces galeries se superposent ainsi à droite et à gauche selon que la maison est plus ou moins élevée. Le temps a partout donné au bois cette belle couleur brune du chêne ou du noyer, tirant sur le noir, qui donne tant de cachet aux vieux meubles. Si élégants que soient les barreaux et la main-courante de l'escalier, ou encore les panneaux largement traités des ponts d'allée, l'œil ne se détache guère du poteau qui est la cheville ouvrière d'un agencement plein d'élégance et de richesse, en arrière duquel, de manière à le laisser libre, l'escalier dessine son colimaçon dans l'encoignure du mur. Amoureusement ouvragé et surchargé, le pilier monte d'étage en étage, s'affinant de plus en plus, jusque sous le verre de la lucarne, où il s'épanouit en un petit chef-d'œuvre de sculpture, patron de la maison ou saint aimé de la Bretagne. La *maison de la reine Anne* possède un de ces escaliers d'une inappréciable valeur archéologique. Mais est-ce parce que nous la visitâmes au milieu des plâtras et des décombres, — car elle subissait

ESCALIER D'UNE MAISON DE LA GRAND'RUE.

une restauration actuellement achevée sans doute, — le pilier de son escalier, malgré ses niches, ses écussons et son Saint-Michel à son couronnement, ne nous produisit pas encore cet émerveillement que nous causèrent un ou deux escaliers de la *Grand'rue*, et surtout celui de la maison Pouliquen, vieille demeure des L'Henoret de Penphart.

C'est ainsi qu'au point de vue de l'histoire de l'habitation en France Morlaix est une mine de documents originaux à côté de Rennes, Vitré, Fougères, Landerneau et Dinan.

On sent qu'il y a eu là une grande aisance et beaucoup de fortune même au service d'un sentiment général du pittoresque et de l'art, qui se manifeste d'ailleurs encore si l'on en juge par l'état de conservation remarquable de tout ce qui est resté de son passé à Morlaix et par le soin apporté à son entretien. Ces maisons ne sentent ni la ruine ni le délabrement, même dans les quartiers pauvres; toutes ont, avec leur physionomie d'antan, une jeunesse artificielle qui les égaie et les rend aussi accortes et avenantes que les Morlaisiennes tirées à quatre épingles qui se penchent aux fenêtres. Les rapports du mobilier avec la construction étant des plus étroits, on peut affirmer, sans se tromper, qu'il dut y avoir à Morlaix une recherche non moins grande du luxe dans les meubles, et certaines crédences, certaines armoires, buffets ou vaisseliers, certains bahuts surchargés d'ornementations exquises dans les cours intérieures des maisons de la *Grand'rue*, dont nous avons déjà parlé, sont bien faits pour venir à l'appui de cette assertion. Morlaix a été d'ailleurs pendant tout le moyen âge et jusque bien après, grâce à sa situation quasi maritime sur sa rivière, une ville excessivement commerçante et animée. Sa population actuelle lui assigne le second rang entre les villes du Finistère, et de nombreuses industries assurent encore dans ses murs une prospérité très réelle.

UNE MORLAISIENNE.

L'allure de ses habitants est libre et

dégagée, particularité rare en Bretagne; les visages sont ouverts et rieurs; les Morlaisiennes, qui passent pour avoir de l'esprit et de l'enjouement, portent avec grâce un costume qui leur sied à ravir : la coiffe est légère, mais l'ample collerette plissée qui retombe dans le dos, où elle fait mantelet, et sur la poitrine, qu'elle recouvre à demi, est simplement délicieuse. Le Léon est de toute la Bretagne le pays où les costumes se sont le plus fidèlement conservés parmi le peuple, celui où ils sont le plus étranges et le plus bizarres, allant de pair avec les antiques mœurs et les traditions perpétuées.

Les deux journées que l'on peut pleinement accorder à ces rues qui, comme au temps jadis, sont demeurées des *venelles,* ne sont point de celles que l'on regrette, et l'on garde toujours la hantise de ces grotesques sculptés aux poutres et aux solives, de ces feuillages bizarres, de ces scènes tracées à grands coups dans le bois d'un saisissant caractère par la vérité des attitudes ou la naïveté des figures, entrevues dans ces clairs-obscurs chers aux Hollandais, où les perspectives sont étranges, où les saillies semblent

chevaucher sur les saillies et les pignons se
hérisser sur les pignons, avec des tourelles,

LE VIADUC
AU-DESSUS DES LANCES DU TRÉGUIER.

des reflets sur les fenestrages, des pointes
de toits coniques. Et par-dessus les toits,
d'un peu partout on aperçoit, tranchant de
toute la clarté du paysage ensoleillé, les

croupes vertes des coteaux qui dominent la ville, où les Morlaisiens ont leurs vide-bouteilles, leurs villas d'été au milieu de jardinets qu'on appelle *combots* par ici, quand ce n'est pas le viaduc, dont les arches cyclopéennes se dorent dans le ciel bleu, infiniment hardies et aériennes.

Venelle au Son, venelle au Pâté, venelle du Château, rue du Mur, rue des Prêtres, rue des Nobles, Grand'rue, jusqu'au *Pavé,* au plein cœur de Morlaix, et aux *Lances de Tréguier,* au pied des arches du viaduc, elles sont toutes pleines du même charme et du même attrait, ces ruelles adorables, aïeules vénérées de celles que le Morlaix du xixe siècle édifie sur les hauteurs.

Des remparts il n'y a plus que d'insignifiants vestiges; la fatalité s'est par ailleurs attachée à la ruine de monuments dont les débris nous disent assez leur valeur artistique; la célèbre église *Saint-Jean-du-Mur* s'est écroulée; des *Carmélites* il reste une fontaine, des *Jacobins* des bâtiments quelconques désaffectés; de *Saint-Martin-des-Champs* une église quasi contemporaine, en entier reconstruite dans la dernière moitié du xviiie siècle, en un faux goût néo-grec.

La petite église *Saint-Melaine*, avec son clocher minuscule, encore diminuée par le prodigieux élancement du viaduc qui surplombe, est, par exemple, un bijou de

BÉNITIER EXTÉRIEUR DE SAINT-MELAINE.

dentelle; la pierre y est partout travaillée; le gothique le plus pur flamboie et s'épanouit en de charmants détails extérieurs et intérieurs. Dès le premier abord, le porche bas apparaît souriant avec son bénitier et sa madone accolés, par une heureuse et rare fantaisie, à une sorte de trumeau, en sorte que la main du passant y plonge sans pénétrer dans la nef. Sur les murs de l'église on relève l'inscription suivante :

L'an mil cinq cent quatre-vingt-deux,
Le VII du jour de mars, fust cette église fondée.

Mais ce n'est là que la date d'une reconstruction, car Saint-Melaine, chapelle du prieuré avant que de devenir paroisse, avait été édifiée en 1150 par Guyomarch de Léon ; sur les panneaux travaillés de la porte : « *A faict cet huis V. Laisnez Coespiez. — Priez Dieu pour lui,* » et sur le perron :

Bonnes gens qui par ici passez
Priez Dieu pour les trépassez.

Un soir des lumières au travers des vitraux et des chants nous ramenèrent à Saint-Melaine; la nef était emplie d'une foule pieusement agenouillée où les coiffes et les collerettes blanches attrapaient toute la lumière des cierges du maître-autel, tandis que les corps et les figures se perdaient dans la pénombre; au milieu du plus profond recueillement, un prêtre achevait un sermon en breton, et quand il fut descendu de sa chaire, toutes les voix, celles des hommes et celles des femmes, entonnèrent

UN PIGNON RUE DES NOBLES.

des cantiques bretons dont les airs s'alliaient à merveille à la rude langue.

Nous disions adieu le lendemain à ce coin de Bretagne qui nous apparut si gai, si actif, si fertile.

LE PAYS DE LÉON

*Calvaires, reliquaires, chapelle des morts;
Manoirs; Antiques usages;
Saint Pol-de-Léon; Saint-Thegonnec; Guimiliau;
Plougastel; Pencran, etc.*

Le pays de Léon, entre Morlaix et Brest, c'est la *Bretagne bretonnante*, la terre des légendes, des superstitions, des manoirs et des belles cathédrales; les pardons s'y font excessivement beaux et solennels, dans un décor d'une rare sévérité où tout porte au recueillement et à la piété. Les églises et les chapelles ont de tous côtés jailli du sol, plaçant au-dessus des calmes vallées et sur les coteaux leurs fines flèches ajourées et leurs terrasses élégantes. L'idée de la mort partout présente à l'imagination des habitants qu'elle semble avoir terriblement hantée durant les siècles où la Bretagne fut envahie par cette vaillante cohorte d'artistes du XIIIe et du XVIe siècle, s'est partout épanouie en des monuments tels que nulle autre part on n'en trouve de plus beaux, de plus nombreux ni de semblables : ossuaires, reliquaires, oratoires et calvaires. Les inscriptions témoignent de cette macabre obsession, et c'est bien toujours, mais sous une autre forme, le culte christianisé des défunts qui s'est greffé sur ces nécropoles druidiques, qui font du sol de la Bretagne un vaste et mélancolique cimetière. A Saint-Thegonnec, sur le reliquaire on lit ces vers :

> C'est une bonne et sainte pensée
> De prier pour les fidèles trépassés.
> *Requiescant in pace.*
> *Hodie mihi, cras tibi.*
> O pécheurs, repentez-vous étant vivants,
> Car à nous morts, n'est plus temps.
> Priez pour nous trépassés,
> Un de ces jours vous passerez.
>   Soyez en paix.

Et au-dessous d'une mise au tombeau sculptée :

Tu le vois mort, pécheur, ce Dieu qui t'a fait naître ;
Sa mort est ton ouvrage et devient ton appui :
A ce trait de bonté tu dois au moins connaître
Que s'il est mort pour toi, tu dois vivre pour lui.

A Gûimiliau :

> Voici ma main qui a causé ma perte
> Et voici ma méprisable langue ;
> Ma main qui a commis le péché
> Et ma langue qui l'a nié.

A Landivisiau : un chrétien est placé entre le vice et la vertu ; la mort, costumée en archer, le guette, avec cette inscription sur le socle :

Ony : ça Je suis le patron de celuy qui fera fin.

A Laroche-Maurice s^r le calvaire :

> Memor. esto. judicii. mei.
> Sic erit et tuum
> Mihi hodie. tibi cras. 1639.

« Souviens-toi de mon jugement, — le tien sera tel. — La mort pour moi aujourd'hui, — demain pour toi. 1639. »

ITIER
A LA ROCHE.

A La Roche, au-dessus d'un bénitier, un squelette tenant une flèche, avec un rire sardonique, pense l'inscription que le sculpteur a mise sur une banderole en triangle :

Je vous tue tous.

A La Martyre : « La mort, le jugement, l'enfer — Froid quand on y songe, l'homme en doit frémir — Fou celui qui n'y pense sans cesse. » Et plus loin, sur un cartouche : « Espérez voir, il faut mourir. 1619. »

C'est enfin auprès de ces reliquaires et de de ces ossuaires que le jour des Morts, les Bretons viennent entonner, agenouillés, ce célèbre *Chant des Trépassés,* empreint d'une si sombre poésie :

« Chrétiens, venez regarder les os de vos
» pères blanchir dans le reliquaire délaissé ;
» venez voir les ossements de ceux qui vous
» ont si souvent salués, lavés par la pluie et
» glacés par le vent de la nuit !... Que cette
» vue vous soit un grand enseignement...

» Regarde, pauvre orphelin, voilà le crâne
» de ta mère, de ta mère qui te menait de
» seuil en seuil dans ses bras, qui lustrait
» tes cheveux avec un peigne d'ivoire, et qui
» ornait ton chef le dimanche d'un toquet de
» velours garni de passementeries d'argent...

» Jeune homme, celle-ci était ton aimée
» entre toutes, celle au doigt de qui tu avais
» mis l'alliance. Maintenant, en place de tes
» doux propos, elle écoute le murmure du
» vent dans les ifs du cimetière, et les cris
» de la chouette funèbre...

» O Chrétiens ! nous viendrons tous là
» dans le reliquaire humide, et nous y
» deviendrons aussi poussière. Chaque année
» en pose une couche nouvelle sur celle qui

» la précède; voilà la vie d'ici-bas et la
» destinée des hommes...

» Mais un jour viendra où toute cette pour-
» riture humaine se remuera et reprendra
» ses formes d'autrefois. Alors malheur aux
» mauvais et bonheur aux justes! Car Dieu
» pèsera chacun dans ses balances...

» Les justes seront placés dans le plateau
» d'or, les méchants dans le plateau de fer;
» les premiers iront au ciel, et les seconds
» descendront dans l'enfer éternel...

» Vivez donc dans la crainte du jugement,
» chrétiens! pensez au ciel et imitez Jésus-
» Christ. Étendez vos bras sur la croix, sans
» murmurer, et vous irez goûter la paix
» dans la gloire de Dieu! »

Ces ossuaires ou reliquaires datent pour la plupart du XVIᵉ siècle, aussi la Renaissance, si retardataire en Bretagne, triomphe-t-elle dans leur décoration avec son luxe et sa surcharge ordinaire d'ornements, de colonnettes, de niches, de balustrades, de coupoles, de lanternes, de cariatides, de consoles qui jettent une note nouvelle à côté des églises gothiques au pied desquelles ils s'abritent. A Saint-Thegonnec s'épanouit ce style qui, malgré le grand effort qui a été donné là —

le clocher lui-même, la chapelle des morts, l'arc triomphal, le calvaire et l'ossuaire lui appartiennent — n'atteint pas à la hardiesse et à la poésie de la belle ogive bretonne dont

OSSUAIRE DE PENCRAN.

Saint-Pol-de-Léon possède les impérissables chefs-d'œuvre. Au voyageur qui passe, curieux de voir, heureux de vivre, ces ossuaires avec leurs niches étagées donnent vite un froid; rien ne produit un plus étrange effet que de lire sur les châsses superposées et juxtaposées comme en un rayon de bibliothèque : *je suis le crâne* d'un tel, *je suis le crâne* d'une telle, en breton, s'entend.

C'est par l'ensemble de ce décor, la somptuosité de ces monuments si divers multipliés à l'entrée des cimetières qui entourent l'église, que chacun de ces villages du Léon mérite d'être suivi. Chacun devrait surtout être vu le jour de son *pardon*, où l'on peut le mieux saisir sur le vif, avec la pratique d'usages séculaires, les cérémonies, les costumes, les chants et toutes ces manifestations vraiment bretonnes qui ne sont de mise qu'en ces uniques circonstances, alors que les peuples des campagnes se rassemblent de plusieurs lieues à la ronde, telles que jeux et luttes renouvelés de l'antiquité. C'est malheureusement chose à peu près impossible pour le touriste, qui ne choisit pas son temps le plus souvent; mais si, par un heureux hasard, quelque fête religieuse de ce genre lui était signalée pendant son voyage de vacances, qu'il n'hésite pas : ces occasions sont de celles qu'il ne doit pas laisser échapper.

Mais c'est dans leurs calvaires que ces paroisses, dont les églises sont toutes admirables, semblent avoir mis comme un amour-propre à se surpasser, dans ces calvaires à nuls autres comparables, que la France entière peut envier à la Bretagne et au Léonnais. Un calvaire à peu près partout, encore lorsqu'il est complet, se compose de trois croix où figure le Christ au milieu des deux larrons, élevées autant que possible sur une éminence. Ici, le moindre calvaire, outre que son caractère est tout autre, comporte au moins quelques personnages souvent de grandeur nature, quelquefois plus réduits, et ce sont alors communément les saintes

CALVAIRE DE PENCRAN.

femmes placées aux pieds du Christ sur deux bras ajoutés à la croix parallèlement aux deux premiers. Ailleurs, ce sera, suivant une même disposition, deux cavaliers romains la lance au poing, ou sur le socle les apôtres et les quatre évangélistes avec leurs attributs distinctifs. Mais ce sont là les humbles d'entre les calvaires, ceux auxquels on ne s'arrête pas. A *Guimiliau*, à *Plougastel*, à *Saint-Thégonnec*, tout un monde s'agite au pied de la croix, une foule de personnages, tous les figurants du grand drame de la Passion grouillent dans de beaux mouvements, avec ces attitudes que leur donne la tradition. Alors le Calvaire s'élève, prend de grandes et monumentales proportions ; il est un édicule massif, avec des porches et des piliers ou des contreforts puissants ; il provoque l'étonnement et l'admiration. Ces hommes, ces apôtres, ces guerriers, ces femmes si reconnaissables sont pourtant tous affublés de costumes du XVIe siècle encore plus espagnols que français, ce qui n'est guère fait pour surprendre, car à *Guimiliau* (1581-1588) on était en pleine Ligue lors de l'édification du calvaire. Ce qui frappe en outre dans ce diable à trois cornes vêtu en ecclésiastique, dans ces soldats romains, dans ce Pilate couronné d'une mitre, c'est, à côté du sentiment religieux qui s'affirme chez les augustes personnages du drame évangélique, une sorte de caricature quelque peu libre et sceptique

CALVAIRE DE GUIMILIAU.

des gens et des costumes de mascarade qui paraissaient aux fameuses processions de la Ligue. Un détail non moins significatif dans cet ordre d'idées : dans un recoin de ce calvaire, où sur des bas-reliefs est retracée la vie du Christ, se trouve tout au long retracée sur la pierre la légende de Catel Collet, *Catherine la Perdue,* dont nous avons plus haut donné la traduction : « *Voici ma main, cause de ma perte,* etc... »

> Chetu va doru quiriec d'am c'heuz
> Ha chetu sa zéot argarzuz !
> Va doru en deuz gret ar Pec' het.
> Ha va zeot en deuz nac' het.

Cet art si spécial se manifeste dans sa plus haute expression au *Folgoat* et à *Saint-Pol-de-Léon,* où nous revenons au gothique. Au *Folgoat,* tous les bas-reliefs captivent, frustes, naïfs, mais précieux; c'est le jubé dans le goût de celui de *Lambader,* ce sont les statues de saint Michel, de sainte Marguerite, la naissance du Christ, la Vierge, les anges supportant des blasons. A Saint-Pol[1], c'est la merveille de l'art breton, le célèbre, le colossal *Kreisker,* la flèche incomparablement fine, portant bien haut la prière et l'élan du chrétien, à côté duquel les légers clochers de la cathédrale, si beaux encore, paraissent nains. Les cloches carillonnent à

---

[1] Il y a de très curieuses rues à Saint-Pol : rues du Poids-du-Roi, de la Croix-au-Lin et de Porlzmeur.

l'envi tout le jour, elles se sentent si bien là! Et, sous la haute nef, on étouffe religieusement les pas tandis qu'on se livre à la contemplation de mille détails qui sont autant de perles de notre écrin archéologique

UN COIN DU CIMETIÈRE DE SAINT-POL-DE-LÉON

national, autant de documents précieux fournis à l'historien de l'art : grilles, stalles du chœur, crosses-tabernacles du XIIIe siècle, écussons d'évêques, devises bretonnes, figures symboliques, et entre toutes la curieuse représentation peinte de la Trinité aux trois faces.

Roscoff et *Landerneau* vous mènent enfin aux portes de Brest où le Léonnais expire.

Le Léonnais est encore le pays des manoirs, et l'on va voir ceux de *Kerouzéré*, de

Roquelaure, de *Kerjean*, de *Kersaliou*, de *Morizur*, et bien d'autres encore cachés dans leurs garennes séculaires.

Cette partie de la Bretagne est donc celle où les croyances sont demeurées le plus vivaces. Elle est éminemment religieuse; mais comme les antiques mœurs y ont encore subsisté par quelques endroits, nulle autre part on ne trouve de plus frappants souvenirs du paganisme mêlés aux pratiques du christianisme elles-mêmes, et dont évidemment le Breton n'a jamais pu se désaccoutumer. La conquête chrétienne y a d'ailleurs prêté à ses débuts par la force même des choses; elle avait subtilement pressenti que certains cultes trop profondément enracinés, certaines superstitions trop respectées ne seraient pas effacés par elle, et alors, au lieu de renverser le menhir redouté, elle l'a couronné d'une croix là où la mutilation eût été trop brutale; au lieu d'interdire l'approche des sources miraculeuses, elle a mis des chapelles tout auprès; sur ses premières croix même elle a toléré, comme à *Saint-Laurent-du-Poldour*, des décors qui sont dolméniques; elle a laissé subsister la pratique des libations sur la tombe des trépassés; elle a fermé les yeux sur les offrandes et les sacrifices du moment qu'ils étaient détournés à son profit. Ne relevons-nous pas, sur l'arc de triomphe de *Saint-Thégonec*, cette inscription toute païenne gravée sur la pierre : « Madame Marie du bon secours nous vous supplions avec ferveur d'agréer notre premier bœuf, vous notre avocate pour le pécheur et la pécheresse. » — *Itron varia guir sicour ni o ped — C'huantec da recev ur hugen quenta — Ad vocadez evit pec'her a pec'herez.*

Au jour du *pardon*, que ce soit à *Saint-Laurent-du-Poldour*, à *Saint-Jean-du-Doigt*, à *Notre-Dame-de-la-Clarté* aux environs de Morlaix, la foule se précipite recueillie, s'écoulant à

CLOCHER
DE LA ROCHE-MAURICE.

travers les landes ou les guérets par les sentiers, par les chemins, par les grandes routes, par avance émue et recueillie, vers les beaux clochers qui se distinguent dans le loin. On y va prier au son des cloches joyeuses; les drapeaux ondulent gracieusement au vent, oriflammes jaunes, bleues, vertes ou blanches. Les offices célébrés, jusque sur les tertres et les pelouses hommes et femmes prient, le chapelet s'égrène entre leurs doigts; le temps est à la prière et la fête religieuse s'achève au milieu des chants en une procession finale et magnifique où le crucifix de la paroisse est porté en tête suivi de ceux des paroisses voisines qui l'ont choqué d'un baiser de paix sous le porche à leur arrivée. Mais le matin, à l'aurore, les femmes avaient commencé par présenter leur torse et leur poitrine nue à l'eau jaillissante et glaciale de la fontaine sacrée à *Saint-Laurent-du-Poldour;* ailleurs, dans le miroir clair de la source, les filles ont jeté l'épingle dont la vertu magique leur amènera l'époux fidèle et désiré. A *Carnac,* — hors du Léonnais, — ce sont les bestiaux que les hommes amènent pour que la peste les épargne. Quelques heures après, sur la pierre tombale du mort qui repose, la famille réunie versera le vin ou le lait et renouvellera la libation antique après en avoir empli deux godets creusés dans la dalle funéraire. De leur côté, les gars se prépareront à un pugilat sous les yeux des anciens transformés en juges du camp. Un crieur a annoncé la lutte : « *Que ceux qui ont des oreilles entendent bien ceci et qu'ils le fassent assavoir aux sourds. Tous les lutteurs sont appelés. L'arbre produira ses fruits comme le pommier ses pommes; faites couler sur vos bras l'eau des bonnes fontaines!* » Et le lutteur qui attend son adversaire, un jeune homme à la longue chevelure d'un blond filasse que tantôt il nouera sur le sommet de sa tête, aux yeux bleus, la chemise ouverte, la taille étroitement serrée par sa large ceinture de cuir, porte à bras tendus le mouton qui sera le prix du vainqueur et fait le tour de l'assemblée tandis que, à coups de fouet et de poêle appliqués sur le dos ou sur les pieds, les commissaires agrandissent le cercle des curieux.

A *Saint-Jean-du-Doigt*, où l'on conserve un doigt de saint Jean, autre coutume conservée du paganisme celtique. Le *pardon* a lieu le jour de la fête de l'Évangéliste. Sur la place du cimetière, de nombreux foyers flambent le soir et pétillent; autour du principal, allumé par un ange descendu du clocher, les filles et les garçons sautent à l'envi au travers des flammes aux cris répétés de : *An tan tad!... An tan tad!...* — « Le père feu!... Le père feu! » Et puis, quand les bûches éparses tisonnent, alors que le village s'endort, les vieillards placent des sièges autour du feu mourant et vont s'agenouiller un peu plus loin en arrière pour que les âmes de leurs pères viennent réchauffer là leurs membres engourdis et glacés.

Primitives mœurs, primitives croyances, primitives gens qui charment par la poétique fleur de mystère qu'ils portent en eux!

ARMES DES DE LA FOREST.
(Église du Folgoat.)

QUIMPER — PONT-L'ABBÉ PENMARCH

I

QUIMPER

Notes de mon carnet. — ... Quimper-Corentin! un de ces noms voués, sans que l'on sache au juste pourquoi, à un éternel ridicule; ainsi de Pontoise, ainsi de Brive-la-Gaillarde. Malgré tout, très intéressante ville à laquelle on n'accorde le plus souvent que quelques heures à cause de ses environs qui sollicitent de tous côtés l'excursionniste, et dont Quimper est la tête de ligne : *Pont-l'Abbé* avec la pointe de *Penmarch*, *Douarnenez* et sa baie, celle d'*Audierne* et la *pointe du Raz*, et encore *Concarneau*.

Une belle galerie de tableaux, une collection dans le musée ethnographique de tous les costumes bretons ; une cathédrale du xiv⁰ siècle avec quelques parties plus anciennes et quelques autres aussi plus récentes, dont les chapelles regorgent de fresques modernes, la plupart de Yan d'Argent, de tombeaux, de vitraux admirables et de statues ; quelques rues anciennes, quelques débris de l'enceinte fortifiée ; une tour sur les promenades, qui sont belles ; une visite aux faïenceries qui fournissent la France de *bretonneries* et de *Nevers*, pour les plus grandes délices des amateurs de bibelots : voilà de quoi retenir davantage à Quimper et surtout assez pour venger la bonne ville bretonne des malicieux brocards que lui attire le patronage du bienheureux Corentin !

CATHÉDRALE : *Sur la façade principale, entre deux flèches élancées (75 mèt.), devises héraldiques, au fronton, et statue équestre du roi Gradlon ; à l'intérieur de la grande nef, la clef de voûte au centre du transsept porte les armes d'Anne de Bretagne ; onze chapelles sur les bas-côtés du chœur, qui est du* xiii⁰ *siècle, avec des vitraux anciens, modernes ou restaurés remarquables ; fresques de Yan d'Argent représentant :* Fuite en Égypte *(2ᵉ chapelle)*; Éducation de la Vierge *(1ʳᵉ chapelle)*; Baptême du Christ et le Précurseur prêchant au désert *(3ᵉ chapelle)*; Conversion de saint Paul, saint Paul à l'Aréopage *(4ᵉ chapelle)*; Épisodes de la vie de saint Corentin *(8ᵉ chapelle)*; Épisodes de la vie de saint Roch *(9ᵉ chapelle)*; Louis le Débonnaire donnant l'épiscopat à saint Frédéric *(10ᵉ chapelle)*; tombeaux d'évêques du xivᵉ et du xvᵉ siècles *(chapelles 1, 3, 4, 5, 6, 11)*; retable en albâtre du xvᵉ siècle *(8ᵉ chapelle)*.

HÔTEL DE VILLE : *Musées archéologique, ethnographique, de peinture, etc.* — En face de l'Hôtel de Ville : *statue de Laënnec.* — A parcourir : *rues de Kéréon, halles, rue du Chapeau-Rouge, place et église Saint-Mathieu, rue du Palais, allées de Locmaria, place du Champ-de-Bataille, mont Frugy.* — *Faïenceries de Locmaria.* — *Église de Locmaria, du* xiᵉ *siècle.*

II

PONT-L'ABBÉ

Par une finissante journée d'été, limpide et tiède, nous arrivons à Pont-l'Abbé, dont les maisons projettent un pâté massif et sombre sur la vague lueur crépusculaire du lointain. Aux fenêtres grandes ouvertes, il y a des rougeoiements de lumières; des fumées blanches s'élèvent dans le ciel calme où montent aussi ces rumeurs champêtres qui portent si fort aux nocturnes contemplations : chœurs de grenouilles et cris-cris des grillons ou des sauterelles. On se sent en pleine campagne aux abords mêmes de cette agglomération de toits qui a des apparences de petite ville.

… Il y a tant de touristes à Pont-l'Abbé en ce moment que les habitants sont quasi réquisitionnés par les hôteliers, qui, après nous avoir nourris comme ils ont pu, nous amènent de porte en porte chez les bourgeois qui disposent d'une chambre ou deux jusqu'à ce que le logis nous convienne. On se dit bonsoir et l'on se divise jusqu'au lendemain.

Dimanche, huit heures du matin. — Les rues sont déjà pleines de gens endimanchés qui ont entendu la première messe et causent entre eux, par groupes, ou s'empressent autour de marchandes dont les corbeilles et les paniers regorgent de légumes, d'œufs et de volailles. Nous tournons curieusement autour de ces paroissiens attroupés sur la place de l'église, dont les courtes vestes, à peu près uniformément bleues ou noires, sont toutes surchargées de broderies de laine ou de soie du plus vif jaune d'or; mais c'est encore mieux à la quantité et à la qualité des gilets de fin drap, passés les uns sur les autres, le dernier à la ronde encolure, moulant le torse, que l'aisance et même la fortune de chacun s'apprécient. Oh! ces gilets bretons dont le plus long vient tomber sur la large ceinture de cuir, elle-même sujet d'orgueil pour les gars, car elle vient souvent de l'arrière-grand-père chouan, quel étrange contraste fait leur gaieté avec ces feutres noirs tristes et presque ridicules dont les rubans de velours tortillés et fanés retombent sur les épaules et dans le dos, donnant à tous ces hommes, jeunes et vieux, une allure quasi enfantine! Encore deviennent-ils de plus en plus rares ceux que les anciens portaient avec de graves et de pieuses sentences brodées sur l'étoffe. N'était le cotillon court, les femmes sont habillées de même, portant la veste courte et le plastron où se répètent les mêmes dessins ; mais comme les corsets écrasent la poitrine et ne serrent pas la taille, l'ensemble est chez elles très lourd, très grossier en dépit des ors, de la soie, de la finesse du drap, de la recherche des couleurs. La coiffure est pour elles le grand sujet de coquetterie par excellence. Gracieux, non, le *bigourdenn* de Pont-l'Abbé ne l'est pas; riche, oui. Le retour des cheveux lisses, trop pommadés et appliqués à plat sur le serre-tête, est peu élégant; vue de dos, une femme de Pont-l'Abbé est généralement peu attrayante; de face, le serre-tête de tulle coquettement planté sur le sommet de la tête, la coëffe de velours rehaussée de broderies d'or, la mentonnière avec son nœud sur le côté du visage donnent du piquant aux fraîches jeunes filles du pays.

La broderie est la principale industrie de Pont-l'Abbé et à peu près exclusivement aux mains des hommes, dont le travail passe de beaucoup celui des ouvrières en finesse et en solidité. De leurs mains sortent ces plastrons, ces devants de corsage dont les dames aiment à se parer, ces blagues, ces porte-cartes, ces porte-cigarettes, ces aumônières de drap armorié et décoré qui garnissent les étalages de Brest, de Quimper et de Saint-Malo.

Sur la route de Penmarch. — Nous gagnons au trot de deux chevaux la fameuse pointe où, par les jours de tempête, la mer jette de si lugubres clameurs, mais chaque pas nous éloigne de *Plouncour,* dont le pardon se célèbre aujourd'hui même, et la route depuis déjà plusieurs kilomètres est sillonnée de familles entières qui se rendent à la belle fête; ce sont des villages au grand complet qui se déplacent. A peu près tous marchent pieds nus dans la poussière du chemin, portant d'une main les galoches par mesure d'économie, et de l'autre la lanterne, car le retour n'aura lieu que fort avant dans la nuit. Carrioles, chars-à-bancs, lourdes charrettes encombrées de monde, piétons font sur cette grande route blanche et poudroyante un courant que nous avons toutes les peines à remonter. Et puis l'éclaircissement se fait petit à petit, nous croisons les derniers traînards; alors, plus rien ne nous distrait du grand paysage mélancolique et plat qui s'étale devant nous. A perte de vue, une plaine sans accidents, unie, pelée; maigre sol, végétation rabougrie, arbres tordus par les grands vents du large que rien ne coupe; les champs roses de sarrasin, ceux de pommes de terre aux verts gris sont de plus en plus espacés ; tout est blanc, caillouteux, morne sous le grand soleil qui ne donne aucune gaieté à cette désolation. Quelquefois, de très loin en très loin, aux abords d'une source qui a réussi à faire miracle, un verger jaillit ironique, telle une oasis au milieu du désert ; le pommier y fléchit sous le poids du fruit, les verdures y sont orgueilleuses ; les citrouilles jaunissent sur les fumiers et les toits bas, à ras de terre, d'une méchante masure ; quelques arpents plus loin, la terre revient étaler au ciel sa misère. Cela suffit à faire comprendre cette expression morne et fermée des visages, ces immobilités des attitudes, ces inerties caractéristiques du fatalisme. Tout ici porte au recueillement et à la méditation ; à chaque pas, encastrées dans les murs de pierre sèche, plantées comme des bornes au coin des champs, au milieu d'un labour, sur une éminence, au bord même de la route, des croix qui commémorent qu'un chouan tomba là, ou des dolmens ou des menhirs donnent toutes les apparences d'un champ du repos à cette immense campagne dont la terre n'est que poussière d'ossements.

III

PENMARCH

... Arrêt de quelques instants à Penmarch, dont l'église *Sainte-Nonna*, qui borde la

ÉGLISE SAINTE-NONNA.

route, est un charmant spécimen de ces églises fortifiées dont il est bien peu qui ne présentent un réel intérêt. *Sainte-Nonna* avec sa grosse tour carrée coiffée d'un toit pointu d'ardoises, un vrai donjon, son clocher miniature qui part des combles de la nef flanquée de contreforts élégants, la porte gothique du cimetière, son chevet, le pignon de sa façade avec sa verrière et son curieux ossuaire, porte bien la marque de ces temps où l'asile de prière devait aussi se faire forteresse à l'occasion. Et c'est miracle qu'à cause de cela même *Sainte-Nonna* ait échappé à la ruine qui s'est abattue sur les cinq autres églises de la paroisse de Penmarch, toutes démolies et brûlées.

Une église et quelques maisons, voilà donc ce qui reste d'une ville qui fut jadis considérable et florissante; et l'on se demande quelle fatalité ou quelle malédiction a pu peser sur cette terre, quelles qu'aient été les horreurs de la guerre et celles de brigands tels que le tristement célèbre La Fontenelle, pour que jamais, jamais plus la vie n'ait pu germer, comme étouffée sous l'amoncellement des cendres.

Querity. — Du bourg de *Penmarch* à *Querity* d'un côté, à *Saint-Guénolé* de l'autre, et partout à plusieurs lieues à la ronde, tout évoque lamentablement la dévastation au milieu des ajoncs et des bruyères. Les murs de pierre sèche qui séparent tous les héritages entre eux, quadrillant bizarrement le sol sur une superficie de plusieurs kilomètres carrés, sont uniformément faits de démolitions, de marches, de dalles, de moellons, de corniches souvent sculptées où mordent les lichens gris et jaunes, où s'agrippent les mousses et les joubarbes ; des fondations viennent partout affleurer le sol là où il est resté inculte ; des pans de murailles tiennent çà et là par miracle ; quelques fermes fortifiées du xve et du xvie siècle — rares documents archéologiques — ont résisté à la faveur de leurs épaisseurs de pierres auxquelles des meurtrières, de petites tours qui faisaient office de *guettes*, leurs portes basses, leurs fossés, conservent tout de cet aspect méfiant et sournois qui fit sans doute leur salut. Cela seul dit assez combien l'existence dut être dure en un temps aux pauvres peinards de la glèbe toujours sous le coup d'une audacieuse entreprise, d'un coup de main, d'une razzia.

Quand il semblait qu'aucune calamité ne pouvait plus s'abattre sur cette solitude, ce furent les grands raz de marée qui s'acharnèrent à balayer la côte, et la justice du roi de France enfin faisant, sous Louis XIV, enlever la toiture de l'église de Querity, dont les quatre murs subsistèrent seuls, en punition d'une révolte amenée par les gens de la gabelle ou du timbre !

Des malheureux se sont encore obstinés là ; cinq ou six familles de pêcheurs se débattent entre les redoutables écueils de *Penmarch,* où la mer a des mugissements de taureau et frappe les granits de son incessant bélier ; petit port de *Querity* où les barques viennent s'échouer sur le sable après les ballottements, où sèchent les filets sur les parapets du môle, tout près du phare qui envoie au loin son signal aux navigateurs, nous l'avons vu inondé de lumière, accueillant entre les roches contre lesquelles battait une eau verte et claire.

Comme la marée est basse, le plateau de formidables écueils qui continue fort avant vers le large la tête de cheval qui a valu son nom breton à la pointe de *Penmarch* est tout entier à découvert, noir au milieu de l'écume blanche des brisants. A cette même place où le phare jette son signal d'alarme dans les nuits de tempête, avertissant les navires, leur criant de passer au loin, monument dressé par la solidarité humaine, les populations marines de jadis allumant des fascines aux cornes des bestiaux attiraient les vaisseaux en perdance et se livraient ensuite au pillage par le droit de bris! Temps obscurs où la conscience humaine ne s'était pas encore révélée!

ROCHERS DE SAINT-GUÉNOLÉ (1).

Saint-Guénolé. — A Saint-Guénolé on dîne et l'on retrouve quelque gaieté.

... La côte est sauvage à l'extrême par ici, déchiquetée, bouleversée. Les rochers ont

---

(1) Vue de la croix de fer qui marque la croix funèbre où le raz de marée enleva la famille du préfet du *Finistère*.

presque tous reçu un nom, parce que presque tous ont une forme, et l'imagination du Breton superstitieux est plus prompte qu'aucune autre peut-être à donner une forme aux choses. Le groupe de la *Torche*

ROCHER DU MOINE (SAINT-GUÉNOLÉ).

est sans contredit un des plus imposants à voir; la mer y fait fracas avec de lumineux et neigeux jaillissements d'écume, soit qu'elle s'engouffre avec un mugissement sourd assez semblable à une décharge d'artillerie dans les grottes profondément pratiquées dans le granit, soit qu'elle se brise sur les surfaces lisses du roc. Le *Moine* donne, à distance, l'illusion d'un capucin qui serait colossal, assis dans une anfractuosité et priant en une attitude rêveuse; tout auprès, une croix de fer rappelle la place où fut enlevée, en 1870, par un raz de marée aussi subit que

LA TOUR DE SAINT-GUÉNOLÉ.

violent, la famille du préfet du Finistère venue là en partie de plaisir comme nous, à la veille de quitter le département. Femme, enfants, domestiques furent engloutis. Un procès célèbre où s'agita la question du dernier survivant présumé, au sujet de la succession, fut le dernier écho de ce sinistre drame.

Et partout où que vous alliez sur cette côte sauvage, il n'y a que tristesses et lugubres histoires.

... Nous passons au retour devant l'église de *Saint-Guénolé*, dont il ne reste plus qu'un tour carrée du XIIe ou du XIIIe siècle, massive et fière encore, et puis nous refaisons la route de ce matin vers Pont-l'Abbé, imprégnés de la mélancolie de ces inoubliables contrées.

ARMES DES KÉROUZÉRÉ.

UNE EXCURSION
A
LA POINTE DU RAZ

La plus belle fille de France ne peut donner que ce qu'elle a! a formulé le vieux dicton gaulois; on en pourrait dire autant de la plus belle province de France — mais de la Bretagne en particulier. N'allez pas indiscrètement lui demander plus qu'elle ne saurait vous donner. Car la Bretagne est grise et terne comme ses granits. Le soleil ne la dore pas comme notre Midi; la lumière y est plus froide, les ciels moins bleus; les landes, plus basses, ne retentissent pas des crécelles des cigales. Sa poésie, c'est l'immense mélancolie qui se dégage du mutisme de sa nature, de ses habitants, de ses vieilles pierres qui ne parlent que par les souvenirs qu'elles ravivent, de sa côte rocheuse et déchiquetée qui lui fait un inviolé corset de granit.

Et comme partout, dans les champs, il y a de menues flèches ajourées qui pointent au-dessus des arbres, des croix éparses, des ossuaires fameux, des nécropoles druidiques, des fontaines sacrées, des calvaires admirables, une excursion en Bretagne prend bien vite, qu'on le veuille ou non, un petit air de pèlerinage qui fait tout aussitôt partie de son charme intime et profond. J'imagine qu'il n'en doit pas être autrement en Orient. A l'œil tout d'abord surpris et dépaysé du touriste méridional, le grand soleil qui fait sortir les lézards, qui éclabousse tout de sa lumière, qui jaunit les sables et les pierres, qui pénètre de ses rais et illumine les sous-bois, le grand soleil joyeux enfin dans ses ardeurs estivales manque pour réchauffer. Ce n'est qu'une courte question d'acclimatation. Tout bientôt s'harmonise dans ces paysages que désole le grand vent du large; on s'aperçoit que la lande rabougrie n'est pas moins chantante, mais ses bruits sont plus discrets; tout, il est vrai, semble rapetissé, aller au ras de terre, les buissons, les ajoncs, les genêts et les bruyères; mais oublie-t-on que là précisément les Nains verts, les Génies, les Korigans, les Obérons, tout ce petit peuple enfin qui hante les imaginations bretonnes, dansent au clair de lune leur sarabande autour de quelque vieille pierre levée où repose l'âme des ancêtres !

Voir ainsi la Bretagne, ce n'est pas seulement voir juste, c'est aussi s'apprêter à l'aimer, la vierge Armorica !

Fouette cocher !... et nous roulons au trot de deux bretons sur la route blanche de poussière vers Audierne, où se fera le relais. C'est jour de marché à Douarnenez, et nous croisons à tout instant des hommes, des femmes qui se rendent à la foire vendre les légumes, les œufs, les boules de beurre qui débordent des paniers, leurs souliers ou leurs sabots dans une main ; le bétail se gare d'assez mauvaise grâce, et nous passons par moment entre une véritable haie de cornes.

Sous leur cornette blanche, toutes les femmes vous ont une invariable physionomie de sœurs tourières en course, mais qui auraient un jupon court. Vues de dos, la carrure de leur taille, de leurs épaules, de leurs hanches vous stupéfait, car tout cela, trop équarri, tombe à pans carrés. Les jeunesses elles-mêmes ont dans leur allure quelque chose de si gauche, de si gourd, qu'on se prend involontairement à leur trouver des grâces d'oison. Un vieux Breton bretonnant, avec un large feutre d'où pendent des rubans de velours échappés d'une boucle de fer-blanc, le pantalon de toile bouffant à la zouave, le veston bleu, le gilet brodé où se lisent des sentences, et les braies appuyant sur les sabots, nous semble tombé d'une faïence de Quimper. Il conduit deux habillés de soie braillards dont l'un avait pensé se faire broyer sous les roues de notre victoria.

Comfort!... Le cocher nous invite à descendre. Il y avait autrefois en ce lieu un menhir à voir, surmonté d'une croix; l'antique pierre, catholicisée bien malgré elle, n'existe plus : sans doute a-t-elle servi à quelque restauration de l'église qui borde la route, où nous entrons non sans avoir admiré au passage un de ces calvaires dont la rencontre est familière. Des apôtres, des évangélistes, à peu près grandeur nature, se tiennent dans des attitudes diverses au pied de la croix où pleurent deux saintes femmes; le tout, en granit d'un travail assez fin et restauré en 1870, porte une inscription commémorative. Une fillette s'est précipitée au-devant de nous dans l'église très modeste, bien que fort ancienne, dont le clocher, une aiguille fine et dentelée, fait tout le mérite. A voir son empressement, nous nous demandons de quelle façon elle va bien s'y prendre pour nous extorquer un ou deux petits sous. Mais voici que la chose est nouvelle. Elle se pend à une corde, non point pour mettre la maîtresse cloche en branle et annoncer au pays les augustes visiteurs que nous sommes, — le marquis de Carabas lui-même eût protesté, — mais pour en mettre en branle une vingtaine de toutes

BRETON.

petites fixées à une roue qui tourne sous un arceau de la voûte entre deux piliers. C'est un carillon dont les notes tombent sur nos têtes, grêles, argentines, chantant un air quelconque au mouvement à coup sûr maladroit de l'enfant. On dirait les sons de verre que rendent les touches de ces pianos-jouets que l'on vend dans les bazars à treize. Cet appareil ingénieux s'appelle une *roue de fortune* en Bretagne; on n'en compte plus guère aujourd'hui, et je devine toute la poésie musicale de ce carillon en miniature lorsqu'à la minute silencieuse de l'Elévation il perle ses notes simples sur les coëffes blanches des Bretonnes courbées sur la dalle dans un agenouillement pieux.

Pontcroix. — Une petite heure après, on traversait Pontcroix, un gros bourg où, dans les rues étroites et accidentées, des maisons à pignon semblent se pousser les unes les autres en se retenant bien de ne pas tomber sur nos têtes. Nombre d'entre elles portent une date sur la clé de voûte de leur portail, assez peu semblables en cela aux jolies femmes qui ne veulent pas paraître un âge que ne porte point leur gorge. Encore une église à voir, à Pontcroix, mais combien plus belle que sa voisine de Comfort! Une flèche de soixante-sept mètres de hauteur la signale à toute la contrée. Sa partie ancienne, remarquable par sa sévérité, est du XIIe siècle environ, et reprise sur quelques points au XVe siècle, où l'église, aujourd'hui classée monument historique, fut l'objet d'une première restauration importante. Une cène sculptée sur bois et peinte dans les bas-côtés, derrière le maître-autel et formant elle-même retable d'autel, est un véritable bijou par sa finesse d'exécution; on ne sait qu'admirer le plus lorsqu'au fond de l'église on se trouve en présence d'une estrade en vieux chêne travaillé, œuvre d'un artiste du XIIe siècle, et qui autrefois supportait les orgues. Parfaitement entretenue et conservée, elle a traversé les âges avec ce bonheur rare qui parfois s'attache à la protection des choses comme pour nous livrer un échantillon des chefs-d'œuvre de patience et d'art naïf des maîtres ciseleurs du vieux temps, qui burinaient avec amour dans la pierre ou le bois le vieux poème éclos dans leur tête aux heures méditatives.

Un cimetière délabré flanque l'église, et

les tombes nouvelles s'entassent sur les anciennes dans l'herbe folle qui envahit tout.

A peine sortis de Pontcroix, nous apercevons au fond d'une vallée ravinée la rivière d'Audierne que bientôt nous longeons à un détour de la route. Ses sinuosités nous procurent de charmants aspects; elle va toujours s'élargissant jusqu'à former un estuaire dans la baie d'Audierne.

Audierne. — Ici l'on déjeune pendant que les chevaux qui nous prendront le soir vont relayer à l'écurie. La mer est tout à fait basse; les vases reluisent au soleil, les barques qui ne sont pas sorties dorment sur le flanc en bas des quais; les marins étendent les filets, des vieux se chauffent sur le pas des portes, des femmes remaillent, les mendiants s'empressent autour de nous, et c'est à grand'peine que pour longer le port nous arrivons à nous mêler au va-et-vient assez animé qu'entretiennent les nombreuses usines et fabriques de soude et de conserves de sardines.

Mais pouah! Quelle infection qui nous soulève le cœur! un inimaginable relent d'huile, d'iode et de poisson passé qui alourdit l'air, vous serre à la gorge, semble pénétrer vos vêtements !... Un peu d'opoponax, s'il vous plaît ! C'est une de ces symphonies d'odeurs mijotantes, comme Zola seul en pourrait transposer, qui éclate de partout, des barques, des barils de rogue nauséabonde, des filets, des vases transformées en charniers, des usines, des gens même qui vous frôlent. L'estomac soulevé, nous faisons une piteuse retraite. Une protestation générale s'élève à la table d'hôte où l'on dépêche les plats pour se rattraper, si c'est possible, à la pointe du Raz. Un parfumeur eût gagné bien de l'argent, ce jour-là ! Pourquoi n'y en a-t-il pas à Audierne? Que la maison Pivert y songe pour sa première succursale à fonder !

Encore dix-huit kilomètres pour atteindre à la Pointe du Raz ! Deux excellents chevaux nous enlèvent à une bonne allure et, chemin faisant, le cocher, un paysan breton qui parle volontiers et sait pas mal, nomme les villages qu'à droite ou à gauche, dans la campagne, nous dépassons : *Goulien, Esquebien, Saint-Thujean, Primelin.*

A l'anse du *Loch,* la mer nous apparaît calme, hélas ! comme une nappe d'huile ;

mais contre le promontoire qui s'avance puissamment dans les flots, elle bat et se frange d'écume, trahissant seulement par là le sourd effort des terribles lames de fond. Sur toute la falaise, et quelque peu distancées les unes des autres, de grandes blues sont allumées, d'où partent d'épaisses colonnes d'une fumée blanche et âcre que le vent du large envoie bien loin dans les terres lécher les mottes des sillons. La côte en est enfumée, et nuit et jour brûlent les amoncellements de goémons et de varechs qui alimentent les usines de soude d'Audierne et de Douarnenez.

Rude métier que celui de ces pauvres gens, demi-paysans, demi-marins, qui vont arracher au flot, lorsqu'il veut bien les livrer, les herbages de ses humides prairies, et surtout peu lucratif! Si seulement la grève était connue dans ces populations côtières! Mais ici le patron en use à son aise : il tond le bénévole mouton qui ne crie pas. Tout au plus se contente-t-il sournoisement de faire passer au rang des blackboulés le capitaliste qui, de gros bonnet de l'endroit, a pensé se réveiller un beau matin député.

Sur la gauche, au sommet du Cap, appa-

rait l'oratoire de Notre-Dame-de-Bon-Voyage.
Il s'y célèbre le troisième dimanche de juillet
de chaque année un pardon renommé entre
tous dans le pays d'alentour, où viennent en
pèlerinage plus de dix mille marins. Toutes
les bannières, — et elles sont très riches en
général, — toutes les croix des paroisses
voisines (en argent travaillé et massif) y sont
apportées et viennent donner le baiser de
paix, sous le porche de l'église, à la croix
de l'oratoire, qu'elles choquent.

Nous laissons encore *Plogoff, Cleden-Cap-Sizun*, la chapelle de *Saint-Yves*; un menhir
à demi-cassé, sur le devant d'une ferme,
attire au passage notre regard, et nous
arrivons au phare, c'est-à-dire sur la pointe
du Raz, escortés depuis tantôt deux bons
kilomètres par trois guides essoufflés d'avoir
couru aux côtés de la voiture. En voilà encore
qui pratiquent à leur manière le *struggle
for life!*

Sitôt mis pied à terre nous nous apprêtons
à faire cette excursion à la pointe que tout
le monde dans le pays dit être si périlleuse,
ce sur quoi, l'on s'en doute un peu déjà,
les guides sont les premiers à renchérir. Au
second phare et du parapet qui l'entoure on

commence seulement à se faire une idée de ce qu'est cette colossale croupe de roches amoncelées qui forme le cap Sizun des Bretons et plonge sa pointe de quatre-vingts mètres de haut dans la mer. Ce n'est pas que d'ici le promontoire puisse se voir dans tout son développement, il faudra pour cela

LA POINTE DU RAZ (VUE DU PHARE).

avancer davantage; mais de ce point l'on domine à merveille sur l'îlot désert, puis sur le récif où se dresse le premier des deux phares qui indique aux marins la passe du formidable *Raz de Sein*, et enfin, dans le lointain, mais assez nette toutefois, la barre peu accidentée que fait l'île de *Sein*, l'antique *Sizun*, nécropole des druides et solitude des vierges druidesses. Et déjà la perspective est grandiose. Mais où elle devient saisissante, c'est lorsque du bord même de la falaise on voit se détacher à ses pieds et fuir avec ses

FOUGÈRE DU RAZ.

arêtes aiguës, ses glissades de blocs arrêtés dans la chute par on ne sait quel miracle d'équilibre que la poussée d'un doigt suffirait à détruire, semble-t-il, la partie extrême et redoutée de la Pointe. Dans l'infrastructure, dans les bas-fonds de ce gigantesque éboulis il y a des trous d'ombre, des mystères de noir, des enfoncements où le clapotis de l'eau pousse un mugissement, où le soufflet d'une lame appliqué dans une cavité du roc fait une détonation assourdie mais énorme de bouche à feu. Mais déjà nous tenons un souvenir de la Pointe du Raz, un gamin nous a offert de délicieuses fougères qu'il va chercher au creux des roches où sourd un peu d'eau douce. Et chacun de nous en emporte un pied destiné sans nul doute à mourir dans une jardinière, mais qui ne nous en aura pas moins parlé de Bretagne le temps qu'il aura vécu.

C'est par une manière de sentier que l'on débute pour contourner la Pointe; il se transforme bien vite en une trace de chèvres pour disparaître totalement, et à partir de ce moment on monte, on descend, on escalade tout comme en montagne, avec le gouffre au-dessous de soi où dans les crevasses l'eau s'enfle glauque et profonde. Sur une pente déclive, le guide vous fait discerner sur la droite une tête de crocodile en granit qui a un rictus hideux, et c'est en vérité à s'y méprendre tant il semble que le saurien de granit chauffe là sa croupe au soleil. D'un peu plus loin, on aperçoit le *Moine couché*, sa capuche ramenée sur le front, les mains jointes sur la poitrine; il donne l'illusion d'une pierre tombale sur laquelle un artiste

LE MOINE COUCHÉ (POINTE DU RAZ).

grossier aurait étendu le prieur de quelque fantastique moutier. Puis c'est la *Grande Cheminée*, l'*Enfer de Plogoff*, où la mer mène grand vacarme, enfin la Pointe. On est là, accroché à la moindre inégalité du roc lisse, en pente, plongeant sur le Raz de Sein où les courants assombrissent l'eau pleine de remous et de brisants dans lesquels jouent des centaines de marsouins. L'un d'eux, par instants, bondit, s'élève en l'air, puis plonge, et sur le ventre blanc qui apparaît comme un éclair appréhende sa proie. Ils enserrent sur ce point les bancs de sardines jusqu'à ce que la marée vienne qui les déplacera. Alors la flottille, qui attend l'heure favorable, mouillée à un demi-mille en arrière dans la baie, se mettra en mouvement et lancera ses filets. D'ici, lorsque dégagé de toute appréhension du vide, l'œil va de l'île de *Sein* à la pointe du *Van* qui enferme entre elle et la pointe du *Raz* la lugubre *baie des Trépassés*, c'est presque un saisissement qui s'empare de vous. Et rien de ce que vous promettent les guides, d'après qui l'on a tracé son excursion, ne peut atteindre à l'intensité d'impression que vous donne ce coin de côte bretonne, le plus sauvage, le plus abrupte, le plus désolé, le plus gris, le plus effrayant que je connaisse encore. Et puis on sent que la mer est mauvaise au-dessous de vous, qu'elle est bien la grande traîtresse, que sa lame de fond est encore plus sournoise et terrible que celle qui s'enfle à la surface, mugit, écume contre le rocher et va dans la baie déposer le cadavre du malheureux qu'elle roule dans le sable ainsi que dans un suaire. Tout y est porté à cette baie maudite, et l'épave et le corps; la mère, la veuve, la sœur, la fille y peuvent aller tout droit : elles y trouveront le cadavre du péri

LA ROCHE AUX CORMORANS (BAIE DES TRÉPASSÉS).

en mer; c'est pourquoi le flot jette ici comme une éternelle lamentation à cette côte où les yeux des pauvres femmes s'usent à pleurer. Mieux vaut contourner, cela finit par devenir trop aigu.

Quelques passages sont ici bien difficiles, et ce n'est guère qu'après avoir atteint la *chaise de Sarah Bernhardt* — un banc naturellement taillé dans un enfoncement de roche où la grande actrice aime à s'asseoir lorsqu'elle vient tirer les goélans dans le pays — que l'on peut s'arrêter à contempler la baie d'Audierne. On a bien vite ensuite rejoint la falaise. Nous nous plaisons encore à la suivre pour gagner la baie des Trépassés.

Dans les interstices des roches, des taches grises qui sont les fientes des cormorans nous dénoncent les milliers de nids de ces goulus mangeurs de poissons, et comme ils vont, par habitude, dépecer leur capture sur un récif plat qui émerge isolé à bonne distance de la côte, — car ils ne l'avalent pas au vol comme leurs confrères les goélans, mais au posé seulement, — le surnom de « Table des Cormorans » le désigne communément dans le pays. Ils sont tous à la pêche en ce moment, aussi faudrait-il attendre jusqu'au soir leur rentrée en masse. Les cormorans ont fait leur domaine à peu près exclusif de la Pointe du Raz, les goélans de la Pointe du Van en face.

La baie des Trépassés est à nos pieds.

A un kilomètre environ dans les terres, des fillettes qui nous offrent des coquelicots nous indiquent le lac de *Cleden-Cap-Sizun* sous les eaux calmes duquel repose ensevelie par un terrible raz de mer la légendaire ville d'Ys. Lorsque le niveau du lac a atteint son extrême degré d'abaissement, on montre encore, paraît-il, quelques substructions, tout ce qui resterait de la ville maudite. Le peintre Luminais, dans une belle toile d'abord admirée au Salon de 1888, aujourd'hui au musée de Quimper, où nous l'avons retrouvée, a retracé la fuite éperdue devant les flots du roi Gradlon aux côtés du saint qui l'entraîne et le sauve au prix de l'abandon de sa blonde fille dont les débordements ont attiré sur la malheureuse cité, comme autrefois sur Sodome et Gomorrhe, la colère du Seigneur. Et l'on voit la pécheresse choir dans la vague qui galope derrière les deux chevaux, acharnée à sa vengeance céleste.

Aujourd'hui, sur la surface calme du lac, parmi les roseaux qui les protègent, les macreuses et les cols-verts nichent, les hérons méditatifs se posent sur une jambe, les goélans viennent y planer par aventure.

Une immense poésie se dégage de cette solitude reposée au pied des grands coteaux pelés, à côté de l'agitation perpétuelle de la grève funèbre où la vague se fracasse contre les galets. Il ferait bon rêver ici.

Mais il faut partir.

Notre retour est silencieux, chacun est encore occupé à fixer cette trop rapide impression d'un unique spectacle dont la mélancolie nous oppresse encore, et pour nous redonner un peu de cette gaîté que nous avons eue tout le jour, comme le clair soleil, il nous faut bien cette troupe de garçons et de filles qui s'acharnent à la poursuite de notre voiture et crient pour avoir un sou : « A bas Boulanger ! Vive Géraudel ! » Il y a seulement un an c'était une autre antienne qu'il fallait entonner pour avoir le maravédis désiré ; mais ceci a tué cela, même pour les gamins de Bretagne.

... On nous a changé l'Audierne de ce matin ! c'est notre cri en arrivant. La mer bat le long du quai ; toutes les barques de pêche sont rentrées ; il y en a bien six à sept cents. Nous tombons au milieu d'une extraordinaire animation, et partout la sardine brille comme du vif-argent dans les paniers.

A huit heures du soir nous rentrions en poste dans Douarnenez, affamés par les quatre-vingts kilomètres que l'excursion avait demandés. Nous dînons et... *good night!*

AURAY, PLOUHARNEL, CARNAC, LA TRINITÉ, LOCMARIAQUER

Ce n'est pas voir Auray que de ne point surprendre cette ville sainte de Bretagne en dehors du temps des grands pèlerinages, alors envahie de populations de pèlerins et de mendiants qui lorsque, les maisons et les hôtels sont au plein, campent en plein air dans les champs, autour de feux allumés. Là, le clergé de la paroisse à sa tête, le Cornouaillais, le Trecorrois, le paludier de Guérande ou de Batz, le Léonard, le Bas-Breton, le Morlaisien ou le montagnard de l'Arrée se rencontrent et se mêlent avec la variété de leurs dialectes et de leurs costumes ; leurs voix s'animent pour entonner les mêmes cantiques, les chapelets s'égrènent dans toutes les mains, et si tout le jour on prie et l'on chante, agenouillé et prosterné au pied des autels de *Notre-Dame*, à *Sainte-Anne*, ou de la *Scala sancta*, ou encore autour de la fontaine miraculeuse, le soir, sur l'herbe, où les familles du même village se groupent, formant le clan, on cause, on devise, on mange, on boit. Aussi tout cela est vide, à notre passage, et la *Chartreuse* est triste lorsque nous nous présentons à sa grille, le *Champ des Martyrs* désert. Une *chapelle expiatoire*, un *mausolée*, une colonne de granit surmontée d'une croix, comme la *chapelle sépulcrale* de la Chartreuse, commémorent la fin tragique des royalistes de Quiberon, dont les 952 noms sont conservés. Au retour de Sainte-Anne, Auray paraît plus riant; les vieilles maisons ont toujours leur bonne physionomie d'aïeules; elles datent du XVe siècle au carrefour de *St-Goustan* et dans la rue *Neuve* où se trouve un de ces plus curieux logis. Mais quand, après avoir visité les églises de *St-Gildas*, de *St-Goustan*, et du *St-Esprit*, et aussi l'*Hôtel de Ville*, on a parcouru la *promenade du Loc*, tout est vu d'Auray, dont les environs fameux sollicitent le touriste au même titre que *Ste-Anne* attire le pèlerin.

Sur la route de Carnac. — ... Les landes sont infiniment tristes et monotones, couvertes d'ajoncs aux crêtes d'or et de tapis roses jetés par les bruyères sur des croupes pelées où vaguent de loin en loin quelques maigres têtes de bétail. Le ciel très chargé,

LES ALIGNEMENTS (CARNAC).

très lourd et très bas, ajoute à cette sévérité du paysage.

Une très courte diversion nous fait encore mieux saisir ce que dans ces grandes lignes et cette nudité la plaine qui va s'abaissant jusqu'à la mer a de mélancolie et de sombre grandeur. Il nous avait fallu prendre à travers champs, à une demi-lieue environ d'Auray, et suivre sur la droite de la grande route un chemin qui nous avait fait pénétrer dans des terres cultivées en nous menant sous un couvert de pommiers chargés de fruits au château de *Locmaria*. Pas plus intéressant que cela, le manoir, — nous en avons tant vu et de si beaux — mais dans la chapelle est conservée une admirable pierre tombale d'un duc de Bretagne, où le noble seigneur est figuré en creux, armé de pied en cap, entouré d'attributs divers. Ici, tout autour de Locmaria, les clos sont gais, pleins de fraîcheur; les fermes sont proches les unes des autres. Nous en visitons une.

... De nouveau sur la grande route; nous nous arrêtons devant le premier dolmen, et déjà l'énigme de ces pierres se pose à nous. De ce moment, nous n'allons plus marcher quelques minutes sans en rencontrer quelqu'une; par-dessus les ronces, les fourrés et les ajoncs, leurs têtes grises, leurs tables arrondies où se chauffent les lézards apparaissent, et il en pointe partout, disséminées à droite et à gauche. C'est là qu'aux clairs de lune dansent les *couriquets*, les *courils*, les *korrigans*, les *follets*, les *farfadets*, les *poulpicans* et tout ce peuple de nains malfaisants et de fées mauvaises qui hante ces repaires redoutés.

LA TABLE DES MARCHANDS A LOCMARIAQUER.

Plouharnel. — Ici le premier arrêt sérieux; mais avant que de parcourir la lande avoisinante, toute peuplée de ces débris cyclopéens, nous visitons, dans l'hôtel de M. Gaillard, le musée qu'il a composé du produit de fouilles patiemment continuées depuis une quinzaine d'années. Il offre le plus haut intérêt, possédant quelques pièces uniques en outre de séries fort complètes de silex taillés, de haches, de grattoirs, de flèches dont les types différents accusent les diverses époques de l'âge de la pierre; à côté de ces primitifs outils, qui nous donnent l'état d'une civilisation, il y a, largement représentée l'époque du bronze qui, à un certain moment, l'échange et les transactions s'étant brusquement développés en Armorique à cause de la pénétration romaine, a coexisté avec l'époque de la pierre polie. A signaler entre autres choses curieuses, des tombelles d'enfants avec leurs petits squelettes.

... Les dolmens qui se trouvent aux environs de *Plouharnel* sont particulièrement beaux ; nous avons vu ceux de *Rondossec*, de *Runesto*, d'*Er-Mané*, de *Mané-er-Roch*, de *Mané-Kerioned*, remarquable par le *cistwœn* qui l'accompagne; de *Keriaval*, de *Klud-er-Yer*, le *tumulus* de *Crucuny* avec son menhir, enfin les dolmens de la *Madeleine* et de *Rogarte;* mais on en rencontre bien une vingtaine de disloqués ou de ruinés en se transportant des uns aux autres.

Carnac. — Le *Musée Miln* est à Carnac ce que le Musée Gaillard est à *Plouharnel*.

Une visite au musée, une autre à l'église, dont le porche à baldaquin est si curieux, et à la fontaine voisine de *Saint-Cornély*, et nous nous rejetons dans cette lande dont nous ne pouvons plus nous éloigner.

MENHIR (LOCMARIAQUER) MEN-ER-H'ROECK.

... C'est ainsi que pendant plusieurs heures nous avons été des alignements du *Ménec* à ceux de *Kermario* et de *Kerlescan*. Ces allées de pierres grises décorées de lichens et de mousses, qui pendant plusieurs kilomètres montent et descendent suivant les accidents de terrain, produisent une bien étrange impression, alors surtout que l'on songe qu'à n'en pas douter, c'était là une immense nécropole, puisque avec les armes, les bijoux, les objets chers au mort, on a retrouvé la dernière dépouille. 1,204 menhirs composent le *Ménec;* 968 l'alignement de *Kermario;* 103, le *Manio* entre *Kermario* et *Kerlescan,* où on en compte 277 en 14 alignements. L'État a tout acheté ; ⋅tout est sauvé désormais.

Au milieu de cette plaine s'élève le *Mont Saint-Michel,* un colossal tumulus que l'on fouille et que l'on restaure, car une allée couverte et souterraine à sa base mène à un dolmen. Quelque grand chef doit dormir là son dernier sommeil. Du Mont Saint-Michel on a sur toute la campagne environnante et jusque sur la mer, vers la presqu'île de *Quiberon,* une vue des plus étendues. Comme nous étions là, la flotte évoluait au large, embossée en avant du port Penthièvre, et le bruit du canon nous arrivait sourd et régulier.

... Dans le parc du château de *Kercado,* une paysanne nous fait pénétrer dans un dolmen enfoui comme une tanière sous un tumulus. Aucun ne nous a paru plus mystérieux ; il semble là inviolé, dans ses ténèbres, caché entre les chênes séculaires où se jouent des bandes d'écureuils.

... Les dolmens, les menhirs ne se comptent plus dans le pays que nous traversons ; à la *Trinité-sur-Mer*, dans un *fiord* de la rivière de *Crach* qui se jette dans le golfe du Morbihan, nous passons sur l'autre rive, en bac, au *passage* de *Kerisper*.

Locmariaquer. — Nulle autre part les pierres druidiques ne sont de plus colossale dimension que dans ce territoire qui est aussi particulièrement sauvage. C'est proche du village que l'on s'arrête pour voir la fameuse *Table des Marchands*, le *Dol-ar-Marc'hadourien*, le tumulus et le dolmen de *Mané-er-H'roëck (Montagne de la Fée, le Mané Rutual* et enfin la fameuse *Pierre de la Fée (Men-er-H'roëck)*, un menhir brisé par la foudre, couché dans les ajoncs, qui mesure 23 mètres de long, épais de 3 à 4 mètres, et dont le poids est évalué à 200,000 kilos. Nombre de ces dolmens portent sur la face intérieure de leurs pierres et de la table des signes gravés en creux, des dessins informes et grossiers qui ont quelque parenté avec les caractères rhuniques de la Norvège.

Nous ne rentrâmes à Auray qu'avec la grosse nuit, avec le regret de n'avoir pu, faute de temps, gagner l'île de *Gavrinis*, où se trouve le plus beau dolmen du monde, mais emportant une ineffaçable impression de cette mystérieuse plaine où reposent les corps, où vaguent les âmes de légions de héros qui furent nos ancêtres.

MONT-SAINT-MICHEL (TUMULUS).

TABLE DES MATIÈRES

Pornic. — Excursion a Noirmoutiers. — Retour
a Pornic .... 5 à 47

Pornic : Port de Pornic. — Côte du Gourmalon. —
La Noveillard. — Régates. — Dolmen de Pornic. — Sur
la côte. — Casino de Pornic. — Les rochers des Cheminées.

Noirmoutiers : Phare et baie de la Chaize. — Le château de Noirmoutiers. — Église Saint-Philbert — Dolmens des Tardiveaux, des Pinaizeaux, du bois de la Chaize, du Chiron, de la Fée, de la Roche brûlée. — Marais salants. — Pointe de l'Herbeaudière. — Tour du Plantier. — Bois de la Blanche. — Anse des Dames. — Grotte du Tambourin.

Retour à Pornic : Le Clion.

Vitré.............................. 49 à 103

A travers les vieilles rues de Vitré : rue de la Baudrairie, rue Poterie, rue Notre-Dame, faubourg des Moines, le Rachapt, rue d'En-Bas. — Curiosités archéologiques.

Églises de Vitré. — Notre-Dame. — L'art en Bretagne du XIIIe au XVIe siècle. — Détails intérieurs de Notre-Dame. — Chaire extérieure de Notre-Dame. — L'hôtel Hardy et sa gargouille. — Maisons de la place du Marché : hôtel de Laborderie. — Château de Pierre Landais. — Château de Vitré. — Détails du château : le Châtelet, musées du Châtelet, ordonnance intérieure et extérieure du château, étude de ses défenses, le donjon ou tour Saint-Laurent, un mot sur la maison de Vitré, chaire extérieure de la cour du château, sièges du château, le Val.

LES ROCHERS........................ 105 à 119

Mme de Sévigné châtelaine des Rochers. — Esquisse de la vie d'une dame de la cour du xviie siècle à la campagne.

FOUGÈRES........................ 121 à 129

A travers les rues. — Le beffroi. — Saint-Léonard. — Vue générale de Fougères. — Le château. — La porte Saint-Sulpice. — Saint-Sulpice. — Les tours Surienne, Mélusine et Gobeline.

UNE POINTE EN NORMANDIE. — AU MONT SAINT-MICHEL........................ 131 à 159

Arrivée au mont Saint-Michel. — Mme Poulard. — Promenade aux flambeaux. — Le lever du soleil. — Visite à l'abbaye : le Châtelet, la salle des Gardes, les logis abbatiaux, le grand degré, le Sault-Gautier, la légende du sculpteur Gautier, la basilique, l'escalier de dentelle, le cloître, le charnier, la chapelle des Morts, la galerie de l'Aquilon, le petit Exil, le grand Exil, les cachots, la cage de fer, la salle des Piliers, la Merveille : salle des Chevaliers, réfectoire, aumônerie, cellier, chartrier. — Cour de la Merveille.

JERSEY........................ 160 à 207

Saint-Hélier. — Le Port : Victoria Pier, Albert Pier, Old Pier, Merchants Quay, Old North Pier : Old Harbour, Albert Harbour, Victoria Harbour. — Élisabeth Castle, l'Ermitage, légende de Saint-Hélier, fort Régent, les voies et les monuments de Saint-Hélier : King Street, New Street, Halket Place, Don Street, etc. La Bibliothèque, la Mairie, le marché, les jardins, les statues, églises de Saint-Hélier, les théâtres de Saint-Hélier, la Cour royale ou *Cohue* et la salle des États, histoire de deux fauteuils, la coutume de Normandie, code de Jersey, un dimanche à Jersey : la messe militaire à l'église paroissiale, une réunion publique de l'Armée du Salut. — Excursion dans l'île : Hougue-B e, Tour du Prince, légende du sire de Hambye, un pique-nique. — Boulay-Bay. — Rozel-Bay. — Catherine-Bay. — Bonne-Nuit-Bay, etc. — Les Martellos. — Au Rozel. — Une soirée dans les cafés de Saint-Hélier.

Deuxième journée d'excursion : La campagne et les grounds jersyais, un mot du cultivateur anglo-normand. — Château de Montorgueil. — Gorey. — Dolmen de Gorey. — Sainte-Brelade. — Saint-Aubin. — Le général Boulanger à Jersey.

Saint-Malo..................... 209 à 233

Saint-Malo et sa ceinture de forts. — Le château et le Sillon. — Rues de Saint-Malo : rue Jean-de-Châtillon et la maison natale de Duguay-Trouin. — Rue Saint-Vincent et maison natale de Chateaubriand. — Maison de la reine Anne. — La Quiquengrogne. — Maison de Lamennais. — Promenade sur les remparts. — Le Saint-Malo d'autrefois et les Corsaires. — Les dogues de Saint-Malo. — Au Grand-Bey : tombeau de Chateaubriand. — Aux environs de Saint-Malo : Paramé, Dinard, Saint-Servan, tour Solidor.

Dinan........................ 235 à 260

La Rance et l'arrivée à Dinan. — Dinan au moyen âge. — Episode d'un siège de Dinan : Duguesclin et Thomas de Canterbury. — Enceinte de Dinan : portes de Brest, de Saint-Malo, de Saint-Louis, de Jerzual. — Le château : Donjon de la reine Anne et ses salles intérieures. — Églises de Dinan : Saint-Sauveur et Saint-Malo. — Un mot sur l'art dans l'habitation du xive au xvie siècle. — Les vieilles rues de Dinan : rue de la Larderie, de la Haute-Voie (portail curieux du Vieux-Couvent), rue et place de l'Apport, rue de l'Horloge (beffroi de l'Hôtel de Ville), rue de Lehon, rue Sainte-Barbe, rue de la Ferronnerie.

Morlaix....................... 261 à 281

Souvenirs du vieux Morlaix : entrée de la reine Anne, atrocités de la guerre de Succession, acte d'héroïsme d'une chambrière de la Grand'Rue, le vaisseau *la Cordelière* et Portzmoguer, les chantiers du Dordu, le Taureau. — Armes des ducs de Bretagne et de la reine Anne. — Maisons de la reine Anne. — Escaliers des maisons de Morlaix. — Encore un mot sur l'art de l'habitation en Bretagne. — Les rues de Morlaix : rue des Nobles, Grand'Rue, Venelle au Pâté, Venelle au Sou, etc. — Les monuments disparus. — Saint-Melaine. — Les Lances de Tréguier et le viaduc.

Le pays de Léon................. 282 à 298

Le culte des morts en Bretagne. — Quelques inscriptions et sentences. — Le chant des Trépassés. —

Ossuaires et reliquaires de Saint-Thégonnec, de Saint-Pol-de-Léon, de Lampaul, de Pencran, etc.; calvaires de Saint-Thégonnec, de Guimiliau, de Plougastel, de la Roche-Maurice, de Pencran, etc. — Manoirs bretons. — Cathédrales du Folgoat et de Saint-Pol-de-Léon. — Le Kreisker. — Roscoff et Landerneau. — Christianisme et paganisme bretons. — Les fontaines miraculeuses et les Pardons. — Feux de la Saint-Jean. — La lutte au pays de Léon.

QUIMPER. — PONT-L'ABBÉ. — PENMARCH.   299 à 314

Quimper : Promenade à travers la ville : cathédrale, détails intérieurs et extérieurs. — Hôtel de Ville : Musées, places, voies, églises, statues, monuments, faïenceries.

Pont-l'Abbé : Costume masculin et féminin : gilets à sentences, *bigourdenn*, etc. — Industrie de Pont-l'Abbé. — Excursion à Penmarch : aspect du pays, église Sainte-Nonna de Penmarch, ruines de l'ancien Penmarch, fermes fortifiées, port de Querity, phare de Penmarch. — Saint-Guénolé : rochers de la *Torche*, du *Moine*, etc., tour de Saint-Guénolé.

POINTE DU RAZ.— AUDIERNE.— DOUARNENEZ   315-334

Comfort : calvaire, roue de fortune. — Pontcroix : détails de l'église. — Audierne : Anse du Loch. — Pointe du Raz. — Raz de Sein. — Ile de Sein. — Baie d'Audierne. — Baie des Trépassés. — Pointe du Van. — Rochers du Raz : le Moine couché, la Table des Cormorans, le Crocodile, l'Enfer de Plogoff, la chaise de Sarah Bernhardt, etc. — La ville d'Ys (Cleden-Cap-Sizun) et la légende. — Retour à Douarnenez.

AURAY-CARNAC ....   335 à 344

Les pèlerinages de Notre-Dame d'Auray à Sainte-Anne. — Notre-Dame d'Auray. — La *Scala sancta.* — Auray : vieilles rues, vieilles maisons; Saint-Gildas, Hôtel de Ville. — Excursion à Carnac : château de Locmaria; Plouharnel-Carnac : Musée Gaillard, dolmens de *Rondossec,* de *Runesto,* de *Goliquer,* d'*Er-Mané,* etc... — Carnac : *Musée Miln,* alignement du *Menec,* de *Kermario,* de *Kerlescan,* château et dolmen de *Kercado*; tumulus et dolmen du *Mont Saint-Michel.* — La Trinité-sur-Mer. — Passage de Kerisper. — Rivière de Crach. — Locmariaquer : *Pierre des fées, Men-er-H'roëck; Table des Marchands, Mané Rutual,* etc., etc. — Garrinis.

TABLE DES GRAVURES

PORNIC

Port de Pornic (à marée basse)	7
Côte du Gourmalon (vue de la Malouine)	9
Moulin du Gourmalon	11
Dolmen de Pornic	12
Côte de Pornic (à marée basse)	16
Algues et crustacés	18
Château de Pornic et les Cheminées	21

NOIRMOUTIERS

En route pour Noirmoutiers	27
La côte, du débarcadère	28
Vue générale de Noirmoutiers	33
Le château	35
Baie de la Chaize	37
Tour du Plantier	42
Cul-de-lampe (âne de Noirmoutiers)	48

VITRÉ

Maisons (rue Poterie)	53
Maisons (rue Baudrairie)	56
Lucarne (place Notre-Dame)	57
Porches de maisons (rue Poterie)	59
Chaire extérieure de Notre-Dame	60
Gargouille de l'hôtel Hardy	71
Combles de l'hôtel de Laborderie	73

Le Châtelet (vu de l'extérieur)	79
Plan du château de Vitré	81
Le Châtelet (vu de la cour intérieure)	83
M* Grapignan	87
Donjon (vu de la cour intérieure)	91
Le donjon vu de l'extérieur	93
La chaire huguenote (cour du château)	97
La tour d'En-Bas	99
Au bas des remparts	101
Armes des Rostrenen (église du Folgoat)	103
Clocher de Brélenvez	104

LES ROCHERS

Le château des Rochers	107
La chapelle du château	113
Menhir de la pointe Saint-Mathieu (cul-de-lampe)	120

FOUGÈRES

Porte Saint-Sulpice	122
Église Saint-Léonard et rue de Fougères	123
Vue générale de Fougères	125
Tour Surienne	127
Armes de Saint-Pol-de-Léon (cul-de-lampe)	129
Clocher de Roscof (cul-de-lampe)	130

MONT SAINT-MICHEL

Porte du Roi	135
Abbaye, vue du côté des logis abbatiaux	138
Un chercheur de coques	141
Le Châtelet	142
Église du mont Saint-Michel	145
Le marquis de Tombelaine	150
Le Grand Degré, le Cloître	152
Galerie de l'Aquilon	153
Tour Gabriel, chapelle St-Aubert, le Mont	158
Armes des abbés du mont Saint-Michel	159

TABLE DES GRAVURES

JERSEY

Élisabeth-Castle	161
Ermitage de Saint-Hélier	163
Le Policeman	169
Tower-Princes, Hougue-Bie	179
Boulay-Bay	185
Carte de Jersey	186
Martello de Saint-Brelade	187
Anne Port et baie de Sainte-Catherine	189
Château de Montorgueil	199
Armes de Jersey	207
Phare des Corbières (cul-de-lampe)	208

SAINT-MALO

Un fortin	211
Saint-Malo (vu du Sillon)	213
Le château	215
Anne de Bretagne	217
Porte du château	219
Les remparts (vus du large)	221
Tombeau de Chateaubriand	227
Tour Solidor (Saint-Servan)	232
La plate-forme roulante	233
Armes de Brest (cul-de-lampe)	234

DINAN

Arrivée à Dinan	237
Porte Saint-Malo	245
Donjon de la reine Anne	247
Tour de l'Horloge	257
Porte Jerzual	259

MORLAIX

Armes de Morlaix	261
Le Taureau	267
Armes des ducs de Bretagne	269
Maison de la reine Anne	271

Escalier d'une maison de la Grand'Rue.....	273
Une Morlaisienne........................	275
Le viaduc au-dessus des Lances de Tréguier.	277
Bénitier extérieur de Saint-Melaine.......	279
Un pignon (rue des Nobles)...............	281

LE PAYS DE LÉON

Bénitier à La Roche.....................	284
Ossuaire de Pencran.....................	287
Calvaire de Pencran.....................	289
Calvaire de Guimiliau...................	291
Un coin du cimetière de Saint-Pol-de-Léon..	293
Clocher de La Roche-Maurice.............	295
Armes des de La Forest..................	298

QUIMPER. — PONT-L'ABBÉ. — PENMARCH

Église Sainte-Nonna.....................	307
Rochers de Saint-Guénolé................	311
Rocher du Moine........................	312
La Tour de Saint-Guénolé................	313
Armes des Kérouzéré....................	314

DOUARNENEZ. — AUDIERNE. — POINTE DU RAZ

Breton................................	319
La pointe du Raz (vue du phare)..........	326
Fougère du Raz........................	327
Le Moine couché.......................	329
La roche aux Cormorans................	331

AURAY-CARNAC

Les alignements (Carnac)................	337
La table des marchands à Locmariaquer....	339
Menhir (Locmariaquer) Men-er-H'roëck......	341
Mont Saint-Michel, tumulus (cul-de-lampe).	344

Bordeaux. — Imp. G. GOUNOUILHOU, 11, rue Guiraude.